向实求学

政治学方法五讲

房宁 著

中国社会科学出版社

图书在版编目（CIP）数据

向实求学：政治学方法五讲 / 房宁著 .—北京：中国社会科学出版社，2022.6（2023.4 重印）
ISBN 978-7-5227-0247-6

Ⅰ.①向…　Ⅱ.①房…　Ⅲ.①政治学—研究　Ⅳ.①D0

中国版本图书馆 CIP 数据核字（2022）第 088941 号

出 版 人	赵剑英
策划编辑	王　茵
责任编辑	王　琪
责任校对	刘凯琳
责任印制	王　超
出　　版	中国社会科学出版社
社　　址	北京鼓楼西大街甲 158 号
邮　　编	100720
网　　址	http://www.csspw.cn
发 行 部	010-84083685
门 市 部	010-84029450
经　　销	新华书店及其他书店
印刷装订	北京君升印刷有限公司
版　　次	2022 年 6 月第 1 版
印　　次	2023 年 4 月第 2 次印刷
开　　本	650×960　1/16
印　　张	14.25
字　　数	192 千字
定　　价	78.00 元

凡购买中国社会科学出版社图书，如有质量问题请与本社营销中心联系调换
电话：010-84083683
版权所有　侵权必究

不同时代有不同的学问，
不同时代有不同做学问的方法。

写在前面的话

政治学是一门综合性、实践性很强的学问，是一门经世致用的学问。政治事物涉及社会生活的方方面面，似乎无处不在。但政治事物是复杂的，是各种社会问题、社会矛盾获得解决的最终"角斗场"。大量政治事物又是隐秘的，普通人难于涉足甚至难以察觉。因此，政治学是一门艰深的学问。

新中国成立后不久，政治学的教学与研究在中国高校中被取消，一度沉寂。1979 年 3 月 30 日，邓小平在中共中央召开的理论工作务虚会上发表了著名谈话《坚持四项基本原则》，其中他指出："政治学、法学、社会学以及世界政治的研究，我们过去多年忽视了，现在也需要赶快补课。"[①] 由此，中国的政治学教学与研究工作得以恢复。40 多年来，政治学、法学、社会学和世界政治这四大"补习生"，紧随中国改革开放和现代化的进程而获得新生和发展。但由于种种原因，政治学与其他三门学科相比，处于较为落后的位置。

当前中国政治学发展的不充分与滞后主要表现在学术研究原创性不足、研究方法专业化程度不高，以及学术共同体发育滞后等几个方面。从专门化到专业化是所有哲学社会科学学科发展的规律，中国政治学正在经历着这一进程。但是，与相关学科相比，

---

① 《邓小平文选》（第 2 卷），人民出版社 1983 年版，第 180—181 页。

中国政治学缺乏专业性的研究方法，这突出地表现为当前政治学研究方法和话语体系还在大量采用社会科学一般研究方法和表达方式。

政治是社会公共生活中一个受到普遍关注的领域，政治事务在很大程度上是一个公共话题。人们可以从多种角度、运用不同的专业知识，观察、研究、探讨政治问题。但是，研究政治问题不等于政治学。专业化的政治学研究，应当是具有特定目的、满足特定需要、采取特定方法进行的政治问题研究。特定的研究方法、研究工具是政治学学科建设的灵魂。没有专属概念体系和方法体系，政治学就不能与其他相关、相近学科加以区别，就不是一个发育成熟的学科。当前和今后一个时期，中国政治学发展的主要任务就是探索和建立专业化的研究方法和话语表达体系。

我于1982年大学毕业留校任教。开始的时候，我跟随北京大学的向青老师和我所在的北京师范学院（今首都师范大学）的许俊基老师研究共产国际和中国革命关系问题，同时也从事国际共产主义运动史和科学社会主义的教学与研究工作。1987—1988年，我赴美国进修政治学。回国后转入政治学的教学与研究工作。2001年，我调入中国社会科学院政治学研究所担任副所长，分管科研工作。后来又担任了党委书记、所长等。

在调入中国社会科学院政治学研究所以后，我的科研工作发生了很大转变，跟随中国社会科学院的发展、转型，我逐渐成长为一个专业的智库型研究人员，主要从事中国政治建设、政治发展相关重大理论与实践问题以及政策问题的研究工作，承担和完成了党中央、国务院的有关部委、全国人大、全国政协以及一些省市交办和委托的大量调研任务和研究课题。20年来，我主持和承担主要工作的课题有一百余项。这些课题几乎覆盖了我国政治建设、政治发展的各个重要领域，涉及众多内外政策问题。2008年以来，我还主持和开展了政治发展的国际比较研究。

这些经历，对于一个政治学学者来说，是十分难得的。我自进入中国社会科学院政治学研究所之后，便有意识地在进行大量调查研究和完成各式各样的研究课题的同时，进行学术积累，从实际问题的研究中观察、思考、归纳、抽象及检验相关的政治学理论和方法问题。

工欲善其事，必先利其器。记得1994年的时候，当时《政治学研究》的老编辑徐功敏先生对我说过一句话："方法是政治学最需要重视和研究的领域。"多少年来，这句话我一直谨记在心。在做大量调查研究工作的过程中，我一直在留意、思考和探讨政治学研究的方法问题。多年来，我在政治学研究方法论方面积累了许多，有些是经验，有些也许可以称为方法，有些还只是做法。无论如何，方法也好经验也罢，抑或只是做法，我想这些并不仅仅属于我自己。我有责任把多年来在为国家、为人民搞研究、做学问中间获得的经验体会梳理总结出来，交还给政治学界的同仁，交给年轻一代的政治学人，希望对政治学事业、对年轻一代有所帮助。

在我多年，尤其是近20年来的学习、观察和研究中，对于学术研究方法，我获得了一个深切的体会，那就是：不同时代有不同的学问，不同时代有不同的做学问的方法。中国古人有云："三代不同礼而王，五霸不同法而霸。"我想学术研究方法上的道理亦如此。学术研究的对象、内容和方法，一定会因时代变迁而有所变化。学术研究源于时代又服务于时代，故学术研究要跟随时代而变化。

我们处于什么样的时代？我们处在大变动、大变革、大发展的时代，也就是中国快速实现工业化、现代化的时代。变动、变革和发展的时代是实践走在理论前面的时代。因此，在这样的时代做学问必然要以实践为导向，学者要向实践者学习，向实践求知识。中国古代战国时期，秦国因商鞅变法而崛起。《商君书》中提出了"以吏为师"的思想，意在引导民众向掌管律法的官员学习，以此来规范民众行为。"以吏为师"不能简单理解为以当官的为榜样，谁官大谁掌握的真理多，而是提倡向国家治理实践中的操作者学习。在变革和发展的时代，学术研究要向实求学，要向有实践经验的人学习。

变革时代要向实求学，体现在方法论上就是要以观察法为主、以归纳法为主，即主要的方法是观察社会实践并从中发现规律，归纳知识，提炼理论。在这样的时代条件下，学术研究主要不是采用演绎和推论的方法。观察法和归纳法，是变革时代社会科学方法论的时代特色。在我个人的科研实践中，我逐渐摸索、体会到的是：要用脚底板做学问，走到社会实践当中，走入人民群众当中，走到现场观察体验，搞清事实，还原事件，发现问题，解决问题，总结经验，提炼理论，贡献新知。学问就是这样做出来的，知识就是这样获得的。

目　录

1	**第一讲　什么是政治学：政治哲学与政治科学之辨**
1	第一节　政治学的流变
2	一　"雌雄同体"的古典主义政治学
6	二　"脚踏实地"的制度主义政治学
9	三　"分道扬镳"的行为主义政治学
13	第二节　政治哲学与政治科学异同
13	一　政治哲学及其价值
15	二　政治科学及其价值
17	三　政治哲学与政治科学比较
19	第三节　为什么要区分政治哲学与政治科学
19	一　政治哲学与政治科学的"互扰现象"
23	二　走出"互扰"的误区
24	第四节　更加注重发展政治科学
25	一　"在路口"与"在路上"：不同的需要

26	二　现代化关键时期呼唤政治科学
32	**第二讲　怎么读懂政治学：文本解读**
32	第一节　从语义政治学谈起
32	一　语言二重性：表意与隐意
34	二　索隐：读出笔下意、话外音和潜台词
35	第二节　政治语汇的特点
36	一　政治语汇的惯性
38	二　政治语汇的弹性
39	三　政治语汇的暗示性
40	第三节　政治语汇阅读障碍
41	一　不全：片面信息
43	二　不对：错误信息
44	三　不懂：理解障碍
45	第四节　解读政治语汇三法
45	一　读懂"以来"
46	二　下去走走
48	三　出去转转
49	第五节　政治实践的三种形态
50	一　说法

50	二　做法
54	三　想法
55	第六节　经验还原法：读懂"无字之书"
56	一　回归历史语境
57	二　回归现实生活
60	**第三讲　怎样做调查研究：三种基本方法**
60	第一节　为什么要调查研究：认知规律问题
61	一　人怎样认识世界：建模与偏见
63	二　调查研究：克服认知偏见
65	三　社会科学的局限性：普适性与主观性问题
68	第二节　现场观察法
69	一　为什么要去现场：排除镜像思维、辨识前台后台
75	二　现场有什么：魔鬼在细节、现场有神灵
80	三　现场观察具体方法：定点与走读
89	第三节　比较研究法
90	一　为什么要做比较研究：更多对象与启发
99	二　比较研究方法：差异性与重复性原理
103	三　比较政治研究的条件与能力
106	四　比较政治调研的访谈对象

112	五　比较研究团队的组织与组合
115	第四节　典型调查方法
116	一　为什么要做典型调查：到场、溯源、验证
120	二　可行性与局限性问题
123	三　典型调查对象选择
128	**第四讲　怎样写政治学文章："三论"写作**
130	第一节　政论写作
130	一　政论特性：概括与简约
131	二　政论写作常见问题
136	第二节　策论写作
136	一　智库研究与普通社会科学研究的区别
137	二　策论模式：问题、意义、对策
141	三　策论常见技术性问题
147	第三节　文论写作
148	一　学术论文标准：真问题、真研究、真成果
156	二　影响原创性的主要问题
164	三　原创性选题原则：历史、现实、比较
166	四　学术论文常见技术性问题

173	**第五讲　政治学学者是怎样"炼"成的**
173	第一节　自我甄别：基本素质
174	一　科学思维：三种认识能力
179	二　进取与勤奋：动力与保障
182	三　兴趣与关注："狐狸"与"刺猬"
185	第二节　自我培养：成长路径
185	一　建立合理完备的知识体系
190	二　完成从"观念世界"到"经验世界"的转变
193	三　练好基本功
205	第三节　成才规律：勤于实践、善于总结
206	一　熟能生巧、巧中出妙
207	二　成长的三阶段
211	三　政治学学者的"十、百、千、万"

第一讲

什么是政治学：政治哲学与政治科学之辨

不同时代有不同的学问，不同时代有不同的做学问的方法。这句话也体现于政治学发展流变的历史。自古至今，政治学一路走来，从内容到方法也跟随社会发展、历史变迁而不断变化发展。纵观古今中外政治学发展史，政治学包含两方面的基本内容——政治哲学与政治科学。政治哲学和政治科学在早期是不分家的，作为两个基本元素共同存在于早期政治学理论当中。随着时代发展、社会变迁，政治学的研究对象、功能也在发生变化。因研究对象和功能的变化，政治学的研究方法也因之而变，政治学当中的政治哲学与政治科学两个元素逐渐分离，逐步发展为相对独立的两个部分。政治哲学与政治科学采用不同的方法，承担着不同的功能，又统一于对人类社会政治事物的探索与认识。现代以来，政治哲学与政治科学构成了政治学的两个基本分支学科。

第一节 政治学的流变

政治学既古老又年轻，说它古老，因为无论是在东方还是西方，政治学的思想源头都可以向上追溯2500年。那时是人类精神文明的"轴心时代"，那时人类好似忽然开始思考了。于是，在西方诞生了苏格拉底、柏拉图、亚里士多德，在东方出现了释迦牟尼、孔子、老子。他们的思想和学说，构成了人类思想史的开端，构成了人类文明的精神基础。最初的政治学也产生于那个年代。

为了简约地了解以政治哲学与政治科学关系为线索的政治学历史流变，可以将政治学发展史概略地分为古典主义、制度主义和行为主义三大阶段。

一 "雌雄同体"的古典主义政治学

这里所说的古典主义政治学主要是指从古希腊政治思想到中世纪神学政治学这一时段的政治学说，当然也包括中国古代社会的各类政治学说。古典主义政治学的基本特点是基于建构理想政体及核心价值体系而展开论证与阐述。

柏拉图、亚里士多德是西方政治学的开山鼻祖，柏拉图的《理想国》是西方政治思想的奠基著作之一。在《理想国》的第八卷中，柏拉图集中论述了他的政治思想。柏拉图政治思想的核心是人类社会的理想政治体制的形态与价值。柏拉图所设想的理想政体的核心价值是"善"。柏拉图的"善"是先验的，是与现实对立的，实际上是基于否定现实社会所有缺陷而建构的彼岸完美世界——理想国的一套政治哲学。柏拉图以"善"为核心的政治哲学，是对现实的批判和对理想的追求。如果进一步从方法论层面审视柏拉图的"善"，这个核心价值背后还有一个柏拉图的著名命题：美德即知识。也就是说，一个先验的观念指引着人类将其变为现实，即把"美德"变成"知识"。我们可以把"美德"变"知识"理解为实现"善"的政治过程。应该说，美德即知识这一假设，是古希腊政治哲学最初的逻辑起点。

然而，在《理想国》当中，柏拉图并非全然论述政治价值与政治哲学问题。毕竟柏拉图试图认识和说明政体及其价值的目的还是在于最终改变或改造现实中的政体，塑造合乎理想的价值。

这就不可避免地使他在论述先验性观念的同时，不得不涉及政治实践中的实际事物以及政治事物之间的联系，甚至涉及政治事物关系中蕴含的客观规律性问题。而这就意味着在柏拉图的政治思想中，也涉及具有客观性及内在规律性政治问题的内容。比如，柏拉图在论述民主政体时就发现了一种带有规律性的政治现象，即民主政治会引入外部的政治资源并进一步导致政体内部的变化。柏拉图说道："在一个城邦里当一个党派得到同情于自己的国外盟友的支持时，变革于是发生。"① 这是关于民主政治条件下易于引入"外援"以及外部干涉的最早的观察与发现。

柏拉图最早发现的民主政治条件下的"外援"现象，在现代政治实践中比比皆是。在中国的"文化大革命"开始时，政治运动的发动者原本设想将政治斗争范围控制在党内，搞所谓"小民主"即"党内民主"。但政治斗争很快就演化为广泛发动党外群众以获取支持的"大民主"。在西方现代选举政治中，竞争激烈的政治对手各自最大限度、不择手段地利用政治资源，甚至不惜借助外国政治势力。2016年美国大选中，美国两党总统候选人相互指责对方勾结俄罗斯，以至于"通俄门"事件成为左右选举结果的一个重要因素。应该说，民主政治条件下易于引入"外援"是一个重要的政治规律。柏拉图的发现，从方法论角度看，就涉及以政治事物之间关联性及因果关系为基本研究对象的政治科学问题。

在柏拉图的学生亚里士多德的著作《政治学》中，"政治哲学"与"政治科学"更成为一个合体。作为柏拉图的入室弟子，亚里士多德在一定程度上继承了柏拉图关于"善"的理想政体和核心价值的思想。他用大量的精力来讨论什么是好的政体，这些论述依然是在哲学应然意义上的。但亚里士多德比柏拉图前进了一步的是，他更加关心如何实现那些被设想和被逻辑论证了的理

---

① [古希腊]柏拉图：《理想国》，郭斌和、张竹明译，商务印书馆1986年版，第336页。

想政体，这就是他所说："我们打算阐明，政治团体在具备了相当的物质条件以后，什么形式才是最好而又可能实现人们所设想的优良生活的体制。"① 关心实现政治目标的物质条件以及实现手段，就更接近于科学问题了。我们可以这样说：政治哲学是论述理对不对，而政治科学则关注事成不成。吴恩裕认为，亚里士多德是在研究了150多个希腊的城邦国家的基础上写成了他的《政治学》。② 而科学正是在对客观事物观察和归纳基础上产生的。

在古典主义政治学阶段，不仅在西方、在古希腊，同样在古老的东方、在中国的早期政治思想中，政治哲学元素和政治科学元素也是杂糅在一处的。在中国，孔子的思想基本上是哲学化的，他思想的核心是"仁"，仁是理想社会、理想政体以及理想人生的本质。在政治上，孔子主张施行"仁政"，他把理想社会的建构也归于仁，他建构理想社会的方法就是施行仁政，用统治者的仁爱和宽恕去感化、教化民众，推进社会的进步。总体上看，孔子政治思想中政治哲学成分多一些，他将个人生活、社会生活、政治生活理想化，在观念上构建出仁者爱人的清净世界。这是一种典型的政治哲学思维。

孔子思想中主观建构出的仁学思想居于主导地位，但这并不是说，他的政治思想中没有科学的元素。孔子有句名言："有国有家者，不患寡而患不均，不患贫而患不安。"这句话就颇有一些做客观规律性概括的意味。

与孔子同时代的老子思想中的科学元素要明显多一些。作为古代政治思想家，一方面老子与孔子一样，其思想的主体与基础依然是先验论的政治哲学，如老子的《道德经》开篇即"道可道，

---

① [古希腊] 亚里士多德：《政治学》，吴寿彭译，商务印书馆1965年版，第43页。

② [古希腊] 亚里士多德：《政治学》，吴寿彭译，商务印书馆1965年版，第xii页。

非常道；名可名，非常名。无名天地之始，有名万物之母"这类先验论概念。但另一方面，老子比孔子多了一些对事物间相关性以及因果关系的探讨，在其《道德经》中关于社会的规律性探讨与认识随处可见。如人们耳熟能详的"治大国，若烹小鲜"，"其政闷闷，其民淳淳；其政察察，其民缺缺"等，这些都是对政治实践特别是国家治理规律的敏锐观察和深刻揭示，即使到了今天仍然闪耀着智慧的光芒。

孟子的思想中也包含许多政治科学的元素。孟子提出了"徒善不足以为政，徒法不足以自行"① 的重要论断。其含义是，只靠仁义与教化是不足以治理国家的，而国家只依靠法令也不足以维持运转。这是对政治事物规律性现象的敏锐观察和深刻认识。后来经过汉初的政治实践，在此基础上形成了"阳德阴法"的治国基本策略。这也是当代依法治国和以德治国相结合治理策略的思想来源。

中国古代政治思想中的科学元素获得长足发展是在汉朝初期，尤其是在汉武帝时期。战国后期秦国崛起，最终建立起了强大统一的中央集权帝国。但是中国历史上第一个强大封建帝国仅仅延续了十五年，便"二世而亡"了。汉初的政治思想家们对于这一重大政治现象的讨论持续了几十年，其中有重要的三个人物：陆贾、贾谊和董仲舒。汉武帝时这一讨论就基本结束了，与此同时，自春秋战国时期一直延续下来的儒法之争也就此基本结束了。

春秋战国时期的"百家争鸣"中，两个重要的思想流派儒家和法家，就其思想主体而言，都属于政治哲学。但儒法之争却涉及政治科学问题，即反映出二者对国家治理规律的不同看法。儒家主张，在国家治理中施行教化，塑造"君子"以获善政良俗。儒家的治国方略是教化与育人。对此，法家则有不同看法。法家

---

① 《孟子·离娄上》。

主张用制度、法律约束人的行为，以维持社会秩序。到底是用"教育化人"还是用"制度管人"，这实际上就是一个政治科学问题了。儒家批评法家，认为制度是死的、人是活的，人可以改变，可以规避制度，因此首先要化人。而法家批评儒家，质疑"人性善"的前提，认为人性本恶，趋利避害是人的本性。对于本性恶的人，仅仅依靠教育无异于缘木求鱼。儒法之争的一个焦点问题是国家治理的规律性问题。这无疑具有强烈的政治科学的意味。

回顾中西古代政治思想发展的历史可以看出，古典主义阶段政治思想中哲学元素和科学元素都是原始的、简单的，二者混杂一处。在许多思想家那里，哲学与科学是"你中有我，我中有你"。以孟子为例，孟子的核心思想与孔子的一致，都是主张施仁政。而孟子在孔子思想基础上进一步提出"性善论"，他认为，人与生俱来仁、义、礼、智四种品德。按现代的观点，孟子的"性善论"给孔子的仁政思想提供了心理学方面的支撑。然而，大力宣扬"性善论"的孟子却又提出了"徒善不足以治国，徒法不足以自行"的洞见。以此观之，孟子又并非仅仅相信人性善，他甚至不认为性善便可以解决一切问题。"徒善不足以治国"，说明孟子并非全然是一个"主观唯心主义者"，他懂得现实世界、现实生活对人性以及人的行为具有客观约束力。他只是强调在不具备性善前提的条件下，法制等一切世俗的约束力必定是苍白无力的。孟子对人性与世俗之间的互动与张力的看法颇具辩证法的玄妙。

二 "脚踏实地"的制度主义政治学

经过漫长的中世纪，文艺复兴终于点亮了欧洲的思想界。西方的政治学从古典主义阶段逐渐进入了制度主义阶段。如果说，古典主义政治学的基本倾向是"仰望星空"，是对人类社会政治事物、政治生活的哲学思考。制度主义则把目光转向脚下，转向现实的社会实践和社会生活。制度主义给予了那些自古以来被奉为自然律令、天经地义的政治观念以现实的解释，把政治学从"星空"拉回了"大地"。

在灿若银河的制度主义政治思想家中间，洛克和孟德斯鸠是让政治学从哲学走向科学的范式转换中的两位关键人物。

《政府论》是英国思想家洛克的代表作。而值得注意的是，这部随笔形式的政治学著作是在经历英国40多年革命和动荡之后问世的。《政府论》发表于1689—1690年，在此前的1688年，英国发生了"光荣革命"。"光荣革命"宣告了发生于1640年、历时近半个世纪的英国革命的结束。洛克曾声称《政府论》的宗旨是捍卫英国革命。① 洛克的思想及理论，显然与他对延绵40多年的英国革命的观察与思考有关。英国起伏跌宕的历史天然地赋予了洛克的理论以现实性。与古典主义政治学有了明显区别的是，洛克的政治观察与思考转向了社会群体、政府以及个人的行为。洛克政治思想中最具价值的贡献之一是对自然法的社会原因的解释。在中世纪以来的传统政治哲学观念中，自然法是自在的、天定的，没有什么人对自然法的来历做更多的思考。而洛克从个人利益、个人权利出发，把自然法解释为产生于每个人与生俱来的个人权利诉求。洛克的权利论举重若轻地颠覆了自柏拉图以来"美德即知识"的先验哲学的理路，把古来神圣的思想教条拉回了大地上。这是政治学的一种新的世界观与方法论。它把"从头到脚"和"自上而下"的逻辑改为"从脚到头"和"自下而上"。而这一新理路恰恰开辟了政治学的新逻辑与新方法。

孟德斯鸠是文艺复兴之后，欧洲政治学将研究视角转向政治制度，以政治制度为政治学主要研究对象的制度主义政治学的代表性人物。自称"太阳王"的路易十四统治法国长达72年之久，其间法国曾一度强盛，但他好大喜功，四处征战，最终使法国走

---

① 参见［美］乔治·霍兰·萨拜因《政治学说史》（下册），刘山译，商务印书馆1986年版，第578页。

向了衰落。随着路易十四独裁专制政府式微，法国思想界空前活跃起来，社会学、政治学尤为兴盛。孟德斯鸠的《论法的精神》成为法国18世纪政治学的代表之作。

孟德斯鸠1728—1731年在欧洲游历并在英国逗留，这段经历大大影响和改变了孟德斯鸠。在此之前，孟德斯鸠信奉传统政治哲学观念，即认为道德是共和政体产生的先决条件，共和政体建立在精神因素之上。但在欧洲游历中，对荷兰、意大利以及英国政治制度及政体的实地考察，完全没有证实他原先的认识。实地考察启发了孟德斯鸠，他逐渐意识到，自由与正义也许并非来自高尚的道德，而是政权的正确组织的结果。在实地观察与思考中，孟德斯鸠的头脑里诞生了使他声名远播的分权思想。他在《论法的精神》中开宗明义地指出："法是由事物的性质产生出来的必然关系。"他还指出："我们的世界是由物质的运动形成的，并且是没有智能的东西，但是它却永恒地生存着。所以它的运动必定有不变的规律。"[①] 孟德斯鸠把对政治的认识引向了客观，从政治实践以及政治制度的实际结构及运行中归纳政治活动的规律。他在实地观察和研究了英国国家制度后，发现英国的政治权力实际上被分为立法、行政和司法三种，国家是在三种权力分立中运行的。他认为这是一种正确的权力组织方式，保证了国家政权有效运行和社会的自由、公正。孟德斯鸠运用实际观察研究法，从实践中抽象出理论。这样的方法已经接近典型的科学研究方法了。

制度主义是政治学发展的一个重要阶段。在这个阶段，政治学当中的科学因素成长起来。从那时开始，政治学不再是以批判性和理想化观念为基础的对美好社会的憧憬和论证，政治学显著地从主观转向了客观、从应然转向了实然。伴随着工业革命和现代化进程，政治学又走过了200多年的发展历程。在进入20世纪

---

① [法]孟德斯鸠：《论法的精神》，张雁深译，商务印书馆1961年版，第1页。

之后，政治哲学和政治科学两大因素在政治学内部不断发展成长，逐渐形成了政治学研究的两大范式。

三 "分道扬镳"的行为主义政治学

20世纪中叶，政治学终于迎来了2000多年来的一次大分化。政治科学从政治学中剥茧而出，成为一个相对独立的学科，政治学分化为政治哲学与政治科学两大部类。

进入20世纪，西方资本主义国家工业化进程加速。西方工业化进程导致的新的社会矛盾也随之加剧，20世纪上半叶接连发生了两次世界大战。两次世界大战给整个世界带来强烈震撼，也促进了人类文明的一次大反思。政治学领域的反思首当其冲，现实促使人们对古典主义以来的政治文明、政治思想发出质疑，进行反思。在这种背景下，政治学发生了一次"裂变"，新的思考对以理性政治哲学为主体的政治学发起了冲击。

1944年第二次世界大战战火犹酣，一份被视为启动政治学领域方法论革命的报告——《人民的选择》在美国发表。这是一份1940年美国大选中俄亥俄州伊利县投票情况的调查统计报告。保罗·拉扎斯菲尔德（Paul Lazarsfeld）等作者运用统计学方法对选民行为进行了实证分析。采取科学方法对选民的政治行为进行实证研究，这被认为是政治学研究范式的一次革命性的转变。以此为标志，政治学领域发生了一场被称为"行为主义革命"的方法论变革。由此，政治学中政治哲学与政治科学分道扬镳，渐行渐远。

为什么会发生这场"行为主义革命"？根本原因在于古典主义以来的政治哲学被现实世界的残酷事实碾压，失去了应有的社会功能。古典主义乃至制度主义政治学的核心要义是建构理想价值、理想社会和理想政体。从柏拉图的"善"、亚里士多德的正义到霍布斯的"利维坦"，再到洛克的"天赋人权"、卢梭的平等、伏尔泰的自由，一切西方的道德伦理、精神文明、政治价值都被两次世界大战的血腥残暴击得粉碎,从古希腊、古罗马到文艺复兴以来建立的追求至善的哲学与伦理土崩瓦解。在政治学领域,人们对一切传统理念产生了深深的怀疑,社会现实使传统理论变成了"一幅令人极度失望的讽刺画"。科班在《现代政治理论的衰落》一文中说,传统政治理论脱离现实从而衰落了。行为主义革命中的主要理论家戴维·伊斯顿批评西方的政治理论靠"一个世纪之久的寄生"而无法进步。

美国战后最具影响力的思想家丹尼尔·贝尔在第二次世界大战后愤愤写下《意识形态的终结:50年代政治观念衰微之考察》,他指出:"从这全部历史中出现的一个简单的事实:对于激进知识分子来说,那些陈旧的意识形态已失去了它们的'真理'和说服力。"贝尔断言:"意识形态本应是行动的指南,如今是死路一条。"[1] 就是在这样的现实背景下,西方政治学界开始有意识地扬弃政治哲学,希望能够赋予政治学实际社会功能与价值。科班说,硬币即使磨光仍有其价值,但是"如果要使政治思想保持其价值,就得定期加以重铸"。就是在这种强烈的重铸愿望驱使下,一批政治学者把目光投向了科学,他们希望把政治学改造成像自然科学那样可以经世致用的学问。

为什么行为主义政治学强调政治学的科学取向?行为主义革命后发展起来的政治学,致力于将政治学变为如同自然科学那样的"科学"。之所以如此,首先还是在于传统政治哲学的失效,其次在于新范式政治学的思想和方法资源方面的问题。传统政治哲学的先验性观念被现实所击碎,新的政治学失去了千百年传承的思想资源,摈弃传统政治学范式,就要有新的方法。正是这些原因,使得主张探索新政治学的思想家、理论家们把目光投向了当时蓬勃发展的自然科学。20世纪初,美国进入了所谓"进步时

---

[1] 参见 [美] 丹尼尔·贝尔《意识形态的终结:50年代政治观念衰微之考察》,张国清译,中国社会科学出版社2013年版。

代"。在美国历史上的这一时期，人们普遍相信科学知识可以给人类社会带来进步。向往和崇拜科学成为那个时代的普遍信念和时尚。失去了传统思想资源的政治学不得不把目光投向当时被社会普遍崇尚的自然科学。这也是美国成为行为主义政治学的大本营的一个原因。在20世纪下半叶，行为主义政治学从自然科学领域去获取思想资源，借助自然科学的研究方法将其移植到政治学领域。在行为主义政治学初期，行为主义心理学、统计学、系统论成为行为主义政治学的主要方法和理论资源。

在行为主义革命之后，日益分离的政治哲学与政治科学，在研究对象、研究方法以及社会功能等诸方面出现了明显的区别。政治科学将那些可供观察和描述的、可供分析和验证的政治问题作为研究对象，由此政治科学研究日益微观化，追求研究过程的可操作性和结果的可检验性。尽管存在巨大争议，甚至几十年后，政治学界出现了"再政治化""再意识形态化"的主张，出现了所谓"后行为主义"的政治哲学的复归。但行为主义政治学在科学主义道路上还是有力地推进了政治学的发展，取得了大量具有重要理论意义和实践功能的研究成果，其中，具有代表性和划时代意义的政治科学成果有如下三项。

其一，奥尔森的"集体行动的逻辑"理论。它深刻揭示了社会群体的组织和行动机制，提供了了解和认识人类政治群体的形成和活动的内在机制和规律性的理论知识，并为政治动员、政治组织活动提供了基础性的策略与方法，同时提供了防范和瓦解社会运动的行动原理。

其二，亨廷顿的"制度化"理论。亨廷顿以揭示工业化进程中社会冲突和不稳定的原理而著称，但他最重要的理论贡献是提出了政治发展中以制度化水平及政治制度的稳定性、有用性衡量政治制度价值的"制度化"理论。根据这一理论，衡量政治制度价值的标准是其在实践中的重复性、稳定性。政治制度可以长期稳定存在，可以在政治实践中不断调整以期获得存在合法性，说明了政治制度具有适应性，而适应性又使政治制度不断获得延续存在的合法性。"制度化"理论完全颠覆了古典主义的以先验性观念作为政治制度合理性基础与来源的理论观点。

其三，政治心理测绘学。政治学自诞生以来一直有一个终极目标——对社会成员进行思想引导乃至控制。传统政治哲学以"教化"为手段对社会成员的思想和行为施加影响。这种努力的效果难以测量和评估。第二次世界大战后（以下简称"战后"），美国政治科学家在刑事侦查"侧写"（profile）技术基础上逐步发展起了政治心理测绘学。这是一种通过观察对象已知行为推断其心理状态，进而分析其性格特征，并进一步预测其行动的心理学方法与技术。政治心理测绘学的出现是政治科学领域一项划时代的革命性成果，它的意义在于，在人类政治实践中第一次通过有针对性的干预行动有效影响社会成员的政治和社会行为。它标志着一种政治行为控制理论与技术的出现。政治心理测绘学在2016年美国大选中大显身手，成为共和党候选人胜选的重要手段。

20世纪六七十年代，政治科学在西方尤其是美国获得了大发展。科学意味着以客观事实为研究对象，以发现事物及其运动的确定性为标准。政治科学亦如此。战后发展起来的政治科学注重事实，注重确定性，在实际学术研究中表现为"可研性"的原则，以认识事实的确定性为研究的出发点和落脚点，以政治实践、政治生活中的实际意义为选择标准。这种科学主义的取向，引导着政治科学研究注重实际，注重科研的实用性。选举是西方政治生活中的大事、热点，选举研究要求具有科学性、实用性，也具有一定的可研性。因此，战后兴起的行为主义政治学在很大程度上把政治科学研究引向了选举研究。尤其是在美国，在很长时间里，美国政治学界的重要学术期刊刊载的60%以上的学术论文都与选举研究有关。

可研性和实用性，一方面推进了政治科学研究以及对人的政治行为认识的深化，另一方面却限制了政治科学研究范围，使其在一定程度上趋于狭窄化；同时，科学化的取向更是大大挤压了政治哲学的发展空间。在美国政治学界出现了所谓"拉斯韦尔时期"之说，即所谓的"科学主义阶段"。到20世纪70年代以后，反思和矫正政治科学的单一科学取向的思潮兴起，甚至发生了所谓"后行为主义革命"，要求政治学"再政治化""再意识形态化"。这也在一定程度上反映出，政治哲学与政治科学既相互区别又相互关联的伴生关系。

第二节 政治哲学与政治科学异同

通观政治学发展流变的历史，政治哲学与政治科学是政治学千年流变中的两个主旋律。两个旋律一同出现，相互交织，此起彼伏。政治哲学与政治科学关系之辨，是理解政治学的重要前提，只有明晰区分政治哲学与政治科学的界限以及各自的研究对象与领域，准确把握政治哲学与政治科学各自的功能，才能真正地理解政治学、掌握政治学，才能运用政治知识与方法研究和解决理论与现实问题，否则就会陷入混沌与迷茫。

一 政治哲学及其价值

政治哲学在政治学的古典主义阶段占据主导地位。古典政治哲学反映了人类对国家、对社会最初的思考。这种思考来源于实际社会生活和政治实践，本质上是对现实社会生活和政治实践的批判，从现实缺陷中反向求解，在观念上建构一个理想的政治形态与社会。

柏拉图的"善"和孔子的"仁"，就是古代社会人类政治哲学的典型代表，代表了人类早期社会中所能创造出的最高境界的思想成果。以柏拉图、亚里士多德和孔孟之道为代表的古典主义政治哲学体现了对人类、对社会的终极关怀，起到"仰望星空"和展望未来的"灯塔作用"，这是古典主义政治哲学的价值所在，也是政治哲学一直以来的价值所在。没有理想主义的政治哲学，人类就看不到光明，就没有前进的方向。这是政治哲学的永恒价值。纵使千年万年之后，政治哲学依然会引导人类"仰望星空"，依然会引领人类走向未来。

从方法论角度看，政治哲学是先行设定目标，然后再加以论证。政治哲学是对历史进程进行抽象和概括并对其中的问题做思辨式的、推理性的逻辑解决。政治哲学关注宏大叙事，注重解释现象间的本质联系，对于历史和现实做出观念性的解释，进而发挥政治哲学说服和引导社会意识的作用。

政治哲学的核心问题是认识正当性的问题。从这个意义上讲，政治哲学虽然抽象，虽然停留在观念层面，但也并非没有现实意义。政治哲学不可避免地要触及社会事实，但它选择的是观念化、伦理性事实，而回避了经验事实。政治哲学通过所选择的观念及伦理事实确立判断事物的价值标准，从而建立起理论模式和行为规范，并由此出发对社会现实及政治进行批判和改造。从总体上看，政治哲学方法论是演绎法。

但是，先验论的政治哲学以及依靠演绎法推论和论证得出的政治观念，在方法论上的缺陷也是十分明显的。先验论的政治哲学采用的是观念化和伦理性事实，而其论证则是一致性信息的集合，是"六经注我"，是有选择性的论证，具有自证性，是对社会和世界按特定逻辑的解读。对观念和现实之间可能存在的抵触性、不周延，政治哲学则不得不采取回避态度，用选择性事实去"烫平"不周延，削足适履，把姿态万千的现实世界塞进逻辑的框架和伦理纲常之中。先验论的政治哲学承认事实，但只承认有选择性的事实和经过观念处理的事实。因为价值取向的前置性而无需证明，这样就在一定程度上割裂观念世界与经验世界，最终会使理念封闭化、经验化，落入自我论证、循环论证的窠臼。

从社会功能上看，虽然具有先验性，但政治哲学却有实际的社会价值。政治哲学通过对理想社会观念和伦理的建构影响和塑造社会意识。政治哲学的现实意义除去精神引领，还在于教化，在于说服。《论语》里讲："道之以政，齐之以刑，民免而无耻；道之以德，齐之以礼，有耻且格。""《诗》三百，一言以蔽之，曰：'思无邪'。"政治哲学的教育功能、治愈功能是毋庸置疑的。

概而言之，政治哲学本质上是一种政治理想、政治主张、政治倡导，属于意识形态的范围。政治哲学也包含知识，它是从历史、现实的事实中寻找根据，对其伦理价值进行论证，但不具有周延性，所以会存在争论，比如"人性善恶"问题的争论。"物之初始，其类必丑"，从古典主义开始，政治哲学就具有先验性、超越性，但始终在现实中缺乏可靠的实现途径与手段。

二 政治科学及其价值

政治科学是基于可观察到、可反复验证的事实形成的关于政治现象、政治事物间因果联系及规律性的认识。从这个意义上讲，政治科学是指向事实认定与因果分析的政治学研究。而政治科学家则是使用科学方法与推理工具观察和研究政治问题的人。

相对于政治哲学的普遍性价值主题而言，政治科学研究更关注事物的特殊性。从方法论角度看，政治科学是在解决实际问题的过程中探索和归纳政治的规律性，从经验事实中获得认识，进而概括抽象出理论。与政治哲学的研究对象不同，政治科学的研究对象是经验事实，这种经验事实来自对现实的观察。

政治科学按研究对象可划分为三个层面：一是，对政治事物之间的相关性及其因果联系的观察与研究；二是，在发现因果联系的基础上，对政治活动的内在机制及活动规律性的认识和揭示；

三是，对政治实践活动规律的定量化研究。政治科学从经验事实出发，通过观察政治活动和政治现象，了解政治活动的功能以及与相关政治事物、环境条件的相互关联，从而发现政治事物之间的因果联系，进而归纳揭示政治活动规律。

首先，政治科学以经验事实为研究对象，是对重复发生的政治活动的规律性现象的认识。经验性事实作为政治科学研究对象，需要满足两个条件：稳定性和重复性。只有这样的事实才能作为政治科学的研究对象。只有重复性发生的事实，人们才有可能加以认识和把握。但这也正是政治科学研究的困难之处，作为政治科学研究对象的政治现象、政治问题稀缺，稳定性和重复性差。人类社会政治活动的规模大、进程慢、周期长，真正能提供给政治科学研究的对象并不多，这在客观上限制了政治科学的发展。

其次，政治科学解决现实中的实际问题是存在前提的，这个前提是政治行动的成本、时机和风险。[1] 政治科学是在这些边界条件之下解决政治问题的。政治科学从经验性事实出发，研究的是政治事物、政治现象和政治活动变化和发展的因果联系，从中发现政治规律，进而利用这些规律性认识干预社会政治进程。这才是政治科学的目的。政治科学研究和解决具体问题，而不是一揽子的社会进步方案。

与政治哲学一样，政治科学在研究范式上也有其局限性。政治科学概念具有明确限制，这种限制成为政治科学的统摄性的律令。政治科学研究在面对具体问题时，会排除或消弭不属于"科学"概念范围的内容。政治科学只能研究那些研究"手段"可以达至的地方。再者，政治科学也不可能解答政治问题链条上的所有问题，定性的政治问题也不可能完全依靠定量方法和去政治化的路径获得圆满解释和解决。然而最重要的是，现实政治学研究

---

[1] 房宁：《政治学研究的层次与视野》，《北京日报》2013年1月14日第18版。

不可能完全脱离意识形态背景和政治权力结构的影响而实现一种理想化的"价值中立"。政治科学的生存之地，是那些能够尽量排斥主观性影响和方法、手段可以达至的地方。

总之，政治科学研究的是那些未经忽略、没有被概念化处理过的经验事实，这种事实会稳定和反复出现。在研究过程中，对经验事实不能进行裁剪和取舍，既要证实也要证伪。政治科学依据对政治事物的直接观察得出结论，进而发现政治事物、政治现象之间的因果联系，揭示其内在规律。这种经验性方法虽有局限性，但随着政治科学的发展，其可靠性和有效性也是客观存在和具有一定保证的。比如，政治科学研究结果的可靠性与观察政治事物的数量成正比，可供观察研究的对象事物越多，研究成果的可靠性就会越高；政治科学研究的手段越多，研究方法越进步，政治科学研究成果的价值就会越大。

三　政治哲学与政治科学比较

明确地将哲学与科学加以比较，指出哲学与科学区别的是卡尔·波普尔。波普尔认为哲学与科学最根本的区别在于是否可以证伪。波普尔提出衡量一个理论命题是否科学的标准是：可证伪性（falsifiability）。在《猜想与反驳——科学知识的增长》一书中，波普尔指出："爱因斯坦的引力理论显然满足可证伪性的标准。即使我们当时的测量仪器不容许我们十分有把握地对检验的结果下断语，但是驳倒这种理论的可能性显然是存在的。"[①] 波普尔接着指出："占星术经受不住这种检验。占星术士对他们所相信的确实证据极端重视和极端迷信，以致他们对任何不利的证据都完全无动于衷。还有，他们把自己的解释和预言都讲得相当含糊，以致任何有可能驳倒他们理论的事情（假如理论和预言说得更明

[①] ［英］卡尔·波普尔：《猜想与反驳——科学知识的增长》，上海译文出版社2005年版，第52页。

确一点的话），他们都能解释得通。为了逃避证伪，他们破坏了自己理论的可检验性。把预言讲得非常含糊，使预言简直不会失败，这是典型的占卜者伎俩：使预言变得无从反驳。"①

如果把哲学与科学的区别转化到政治哲学与政治科学层面，我们就可以清晰地看到：政治哲学作为一种政治价值观，试图运用合理进步的价值观念构建理想的政治体系，或者说创造出理想社会。政治哲学的核心问题是认识社会行为、社会制度的正当性问题。当然，政治哲学并不仅仅停留于理念层面，它也有着现实意义。首先是创造观念上的合理性、正当性，其现实作用在于，通过对理想社会的憧憬，对社会公平正义的论述，形成对现实的批判。以伦理构建改变社会，通过教育说服人、改变人，即中国古人所言的"教化"。这是政治哲学的最大价值。政治哲学是应然的，是面向未来的，是一种精神力量。政治哲学的局限性在于现实社会、现实生活的验证性问题。政治哲学可以一直在那里"仰望星空""展望未来"，但在现实社会、现实生活中一切尚需验证。

与政治哲学正好相反，政治科学是从经验性事实出发，仅仅依据经验性事实，这是政治科学与政治哲学在研究对象上的区别。人类社会中的事实是分为经验性事实和伦理性事实两类的。比如，"人性善""人性恶"就是伦理性事实。在现实社会生活中，在人群中，既可以找到人性的善良，也会遇到人性的丑恶。因此，无论主张性善抑或性恶，实际上都包含着价值的选择与回避，即波普尔说的那种不利信息的祛除。故这类事实就可以被称为"伦理性事实"。但经验性事实则不受价值选择和价值判断的影响。经验性事实均为已经发生的事实并且是能够重复出现的事实。经验性事实之间会形成不以人的意志为转移的相关性及因果关系。政治科学从经验性事实出发，研究政治事物之间的相关性及因果联系，

---

① ［英］卡尔·波普尔：《猜想与反驳——科学知识的增长》，上海译文出版社2005年版，第53页。

并从中寻找政治规律，进而实施干预。

归纳起来，我们可以从研究对象、研究方法、研究功能以及验证方式四个方面对政治哲学与政治科学的差异做简要概括：从研究对象看，政治哲学以政治价值为研究对象，政治科学以政治事实为研究对象；从研究方法看，政治哲学以逻辑演绎为主要方法，政治科学以分析、归纳为主要方法；从研究功能看，政治哲学以引导社会意识为主要功能，政治科学以建构政治进程为主要功能；从验证方式看，政治哲学以理论推导为验证方式，政治科学以实践效果为验证方式。（见表1）

表1　　　　　　　政治哲学与政治科学区别

	政治哲学	政治科学
研究对象	政治价值	政治事实
研究方法	逻辑演绎	分析、归纳
研究功能	引导社会意识	建构政治进程
验证方式	理论推导	实践效果

第三节　为什么要区分政治哲学与政治科学

区分政治哲学与政治科学的理由，当然首先在于二者在研究对象、研究方法以及研究功能等方面存在的诸多不同，二者是认识政治现象和政治问题的不同工具。但现实中更重要的理由则是，政治哲学与政治科学在实际运用中的"互扰现象"。

一　政治哲学与政治科学的"互扰现象"

我认识到政治哲学与政治科学的互相干扰现象是在实际的工作当中，特别是在《政治学研究》的编辑工作当中。从2004年开始，因为工作需要，我担任了由中国社会科学院政治学研究所主办的学术期刊《政治学研究》的主编工作。《政治学研究》是中国政治学界具有代表性的学术刊物，很为学界所看重，每年来自学术界的投稿十分踊跃。但从编者的角度看，我们对《政治学研究》的学术质量并不满意，许多来稿的学术质量平平，原创性的学术成果更是少之又少。我们常常为此感到无奈甚至烦恼。作为主编，我有责任通过更好的编辑工作帮助学界逐渐提高政治学研究的质量与水平。那个时候，我和编辑部的同志们非常用心，在工作中经常思考，并在一起研讨来稿以及国内政治学研究工作中存在的问题。大约是在担任《政治学研究》主编工作一年之后，我渐渐意识到政治哲学与政治科学不加区分是中国政治学研究中的一个比较普遍的问题，并且是学术研究以及论文写作中存在的诸多问题中一个比较突出的问题。

由于许多学者不能在方法论上有意识地区分政治哲学与政治科学，造成了在实际研究工作中，特别是在学术论文写作中，政治哲学与政治科学问题的互相干扰。许多明明属于政治科学的问题，一些作者在论文中却给出了一个政治哲学的解答，而许多明明是政治哲学的问题，一些作者在论文中却给出了一个政治科学的解答，真可谓风马牛不相及。概括起来说，对于科学问题给予哲学解答，对于哲学问题给予科学解答，是当前中国政治学研究中的两大方法论误区。

误区之一，对于科学问题给予哲学解答。

反腐倡廉、党风廉政问题是政治学领域的热点问题。然而，一些有关反腐败和党风廉政建设的稿件，却让我啼笑皆非。一些论文在分析当前腐败问题产生原因的时候，总是把腐败现象归因于党员干部、公务员头脑中的所谓"总开关"问题，连篇累牍地论证腐败现象的"思想原因"。他们把现实中的腐败，即"公权私用"问题解释为干部、公务员没有很好树立起全心全意为人民服务的理想信念、价值观。按照这个理论，廉政建设的重点就应该放在教育及思想政治工作方面。但这却是一个虚拟的、假设性的前提，现实中腐败问题存在的前提恰恰是价值观问题无法得到有效的解决。我国现实中，全部腐败治理和廉洁政治建设的前提是，在干部、公务员思想道德存在一定问题的情况下如何通过制度制约和监督，以减少腐败现象的发生。这也就是现实中"信任不能代替监督"和"把权力装进制度的'笼子'"的政治论断所蕴含的假言判断。

由于这个假言判断的存在，现实中反腐败和廉政建设问题是一个典型的政治科学问题，其主要内容是研究如何通过制度建设解决因存在思想、价值观问题而出现的严重的腐败现象。声言腐败问题是因为"总开关"出了问题，则是把廉政建设引向了道德与价值观问题的讨论，引向不具有现实性的前提性问题讨论，这实际上是给了现实政治问题一个万能的、通用的"哲学解"。它也许是"正确"的，但却是没有任何实际意义的。之所以在政治学研究中会出现这样的问题，归根究底是因为在研究者的方法论中，根本没有政治哲学与政治科学差异性的概念，由此才会将学术研究中本属不同"定义域"的问题混为一谈。给政治科学问题一个政治哲学的解答，既无益于科学问题的解决，更浪费了学术资源。

在我做《政治学研究》审稿工作时，看到了大量的将政治哲学问题与政治科学问题相混淆的稿件。这种情况在政策科学类的论文中更为常见。经常有一些作者在对某项现实政策进行论证时，不是从实际出发，不是从制度与政策的现实结果的经验事实出发，分析、论证政策与制度的合理性、合规性，而是从可能性推论现实性，充其量是逻辑推理而非经验证明。这样的文章推导出的观点、结论十分苍白，缺乏现实感和说服力。诸如此类的在研究范式上的混淆，严重干扰和影响了真正意义上的政治学研究。我经常听到外界对中国政治学的批评，认为中国政治学研究隔膜于现实，无法切入正题。想来上述误区就是一个重要的缘由。

误区之二，对于哲学问题给予科学解答。

宗教复兴以及邪教问题的出现是世界工业化、现代化进程中引人注目和值得研究的政治现象。我国也曾出现"法轮功"等邪教现象，一度成为政治学界所关注的问题。由此，反邪教也成了一个政治学的研究课题。在一些研究邪教问题的文章中，出现了一种情况，即把反邪教问题转化成无神论论述，结果一些批判邪教文章的主题竟转化为对有神论、对宗教的批评。这不仅在政治上造成了对国家宗教政策的抵触和违背，在学术上更是成为对政治哲学问题进行科学解答的典型案例。

在一些文章中，作者质问"上帝"的存在。从科学角度看，"上帝"是不能证实的。从宏观上看，人类的观察能力已经能够深入宇宙几十亿光年，在人类可观察的宏观范围内肯定没有上帝的居所。从微观上看，高能物理学已经可以探究分子、原子、中子以及基本粒子的奥秘，但仍然没有发现上帝的踪迹。在科学维度里，上帝是不存在的。但问题是，上帝以及宗教问题不是一个科学问题，而是一个哲学问题，涉及人的世界观、人生观、价值观。因此，尽管用科学方法寻找上帝，可谓"上穷碧落下黄泉，两处茫茫皆不见"，但却仍然无法从人类的意识中抹去"上帝"、抹去宗教。即使是在社会主义社会，也有与宗教"相适应"的问题。因此，对于邪教问题，必须从哲学和宗教学的角度才能有效加以认识，而从科学角度给出答案是无助于解决人们在意识形态以及世界观、人生观、价值观方面的问题的。从这个角度看，区分政治哲学与政治科学也是十分必要的。这种方法论层面的分类，对于政治学研究起到了选择和确立正确研究与认识方法的重要作用。

进一步讲，用科学思维和方法解释哲学问题在方法论上也是行不通的，因为它具有很大的无法克服的局限性。从方法论角度看，所谓给予哲学问题科学解，即对哲学问题、价值问题进行经验性、实证性的论证，而由于这类对象的研究、论证的宏大性、终极性，对于这类问题通常只能采取枚举法加以论证，而其结果必然是挂一漏万，无法周延地论证问题，在形式上、逻辑上都站不住脚，更无法运用事实加以证明，其结果必然是牵强附会。之所以是哲学命题、是价值观念，其前提是这些命题与观念是逻辑存在而非现实存在。哲学命题与价值观念的真理性最终只能通过实践来证明，而不能依靠同义反复式的思辨进行证明。用逻辑推演，用概念证明概念，本身就不是科学的方法，只是在哲学和逻辑中打转转。

工欲善其事，必先利其器。"一把钥匙开一把锁"，有效的学术研究的前提是选择正确的方法。从一开始就选错了方法，选错了工具，那就只能沿着错误道路越走越远。没有正确区分政治哲学与政治科学，仍然是当下中国政治学研究中一个比较普遍存在的问题，只是许多学者在研究中未曾意识到这个问题，而其却在干扰着政治学研究，误导着政治学研究，浪费着政治学研究的学术资源。

二 走出"互扰"的误区

政治学是一门应用性、实践性非常强的学科，《史记》《贞观政要》《资治通鉴》以及《中国历代政治得失》等传世之作都具有经世致用的功能。政治学作为应用性极强的经世致用之学，自身本应在社会政治生活中发挥实际作用。然而，由于研究的局限，当前我国的政治学研究在很多方面仍达不到应有的层次和高度，构建不出原创性的话语体系；而当实际工作部门需要政治学界研究具体问题、提出解决方案时，研究往往是笼而统之、大而化之，无法提供具有实践意义和操作价值的研究成果。

从当前中国政治学研究选题及内容的实际状况看，当前的主要倾向是政治哲学方面的研究与论述占主导地位，大多数学术资源投向了政治哲学。这一点从我国哲学社会科学领域中的重要支持项目中即可清楚看出，如国家社会科学基金的政治学项目、教育部人文社会科学基金的政治学项目中，属于政治哲学范畴的项目占了大多数。而这些项目最终的学术成果、结项报告相当多的是对意识形态、价值观、方向道路等问题的一般性论述，不能应用于具体的实际问题的解决。具体问题、实际问题在很大程度上需要运用政治科学知识才能加以具体研究和解决。政治哲学与政治科学的交叉重复造成了同一律的逻辑矛盾，形成了许多虚假的命题和伪论证、伪证明。政治方法论上的混淆与缺陷，影响了中国政治学实际社会功能的发挥。政治哲学更多的是要论证"理"，反映的是政治价值观，比如"自由""民主""平等"等理念，即所谓的"应然"问题；政治科学更多的是要解决"事"，即所谓的"实然"问题。因此，政治哲学研究提供的是"逻辑"的解，而政治科学研究提供的是"事实"的解。

"上帝的归上帝，恺撒的归恺撒。"政治哲学与政治科学的互扰现象，严重地干扰和影响着中国政治学社会功能的发挥与学科的建设与发展。正确地、适当地区分政治哲学与政治科学的研究领域，充分发挥各自认识世界、改造世界的功能，使其各得其所、各自沿着正确道路发展前进，是当前中国政治学学科建设和学科发展必须解决的一项重要战略性任务。

第四节　更加注重发展政治科学

政治哲学与政治科学既有显著区别又有密切联系。政治学研究，是对社会政治事物认识的提升，是对政治规律的发现和认识，要为重大社会问题、政治问题的解决提供方案。在政治学演进的道路上，政治哲学的价值预设为政治科学范式的产生扫清道路，而政治科学则对政治哲学的价值预设和规范进行检验，并为政治哲学突破思辨自洽的局限性提供动力，为政治哲学发展构建新的基础。政治哲学和政治科学是政治学发展的两条基本线索与路径。在不同的发展和认识的阶段，二者对于政治学研究对象、研究内容、研究方式和研究指向的认识均不相同。现代政治学中，政治哲学与政治科学是两条或近或远、时远时近的平行线。

一　"在路口"与"在路上"：不同的需要

政治哲学与政治科学的兴衰起伏大多与时代有关。社会处于选择、转折时刻和处于平稳运行发展阶段，对思想与学术的需求是不同的。时代主题的变化推动着政治哲学和政治科学的分化与组合。这种规律现象古今中外概莫能外。在 20 世纪中叶，整个世界范围内，政治学几乎都发生了这样的变化。发生这一深刻变化的原因与时代紧密相连，与时代进程的变化密切相关，用形象的比喻就是"在路口""在路上"的选择。"在路口"和"在路上"可以看作现实政治发展的两种形态，或者说发展进程中会有两个交替出现的阶段。所谓"在路口"是指政治道路面临重大选择的时期，所谓"在路上"是指政治道路选定后的实践与发展阶段。

政治发展"在路口"，是选择时代，是政治哲学繁荣的时代。政治哲学更多的是研究价值观，是一种应然、理想化的状态。它偏重于政治发展、社会发展的价值观选择。而在选择的时代，价值观作为一种理念，尚未经过实践的检验，因而政治哲学在这时的生命力表现于说服力和认同度，如果得到社会的认可和接受，则具有实际的价值。但政治科学就不同了，政治科学的价值永远在于被证明。

政治哲学面向未来，其合理性来自道德伦理，能够符合社会已有常识，具有逻辑自洽性，能为多数人所接受，比如自由、平等、民主、法治、人权等价值观就具有社会价值，就能够推动社会变化与进步。比如"人生而平等"的理念，就曾极大唤醒了北美殖民地人民以及欧洲中下层民众的自我意识和解放诉求。但从人类社会现实的客观情况看，抑或说，从科学观察的角度，社会现实却是"人生而不平等"的。业已分化的社会里，已有的经济、政治、社会、文化资源与财富是在代际传递的。资源与财富的代际传递就使得人们生而不同，有人"含着银汤匙"出生，更多的人出生于陋室。

然而，人们生而不平等的现实，并不妨碍主张人人生而平等的政治哲学的传扬。在制度与道路选择的历史当口，需要思想解放，需要各种理论假设，需要哲学思维，即使后来被实践证明为错误的理论，在当时也具有启发思想、砥砺思维的价值。历史选择的关键时刻，注定是没有实践依托的时期，此时的政治哲学可以开启思路、拓展视野，因此具有了不可或缺的历史作用。历史上社会发展变革的时代，先进的政治哲学都起到过彪炳史册的伟大作用，如春秋战国时期的"百家争鸣"对于形成中华文化和统一国家产生了重要影响，欧洲的启蒙思想对于法国大革命及美国独立发挥了重要影响和促进作用。

政治发展"在路上"的发展时代，则是政治科学应运而生的时代。历史道路不会总是"在路口"，总是处于选择状态。当发展方向和前进道路选定后，就会沿着既定方向和选择的道路探索前进，接下来的问题是解决前进道路上遇到的一个个问题与阻碍。克服前进道路上的艰难险阻主要不是依赖观念，而是依靠经验，依靠科学，依靠对事物客观发展规律的认识。中国目前处于实现社会主义现代化的关键时刻，因而发展政治科学正是大势所趋。在这样的历史时刻，时代呼唤着政治科学。

二　现代化关键时期呼唤政治科学

党的十九大以来，党中央对于时代与形势做出了两个重大判断："百年未有之大变局"和"行百里者半九十"。

"百年未有之大变局"是对当前世界格局和体系发生的深刻变

化做出的重大判断。中国领导人近年来多次在重要会议和重大场合中提及这一基本论断。在 2017 年 12 月的驻外使节工作会议上，习近平总书记指出，"放眼世界，我们面对的是百年未有之大变局"①。在 2018 年 6 月的中央外事工作会议上，他再次指出："当前，我国处于近代以来最好的发展时期，世界处于百年未有之大变局，两者同步交织、相互激荡。"② 2018 年 12 月召开的中共中央经济工作会议也指出，"世界面临百年未有之大变局，变局中危和机同生并存，这给中华民族伟大复兴带来重大机遇"。"百年未有之大变局"这一重大论断的提出，意味着我国社会主义现代化建设和中华民族伟大复兴的外部环境发生了重大变化，既面临着巨大的挑战，也面临着大机遇。

"行百里者半九十"是对中国实现社会主义现代化和中华民族伟大复兴面临的挑战和风险提出的现实判断。党的十九大报告中指出："行百里者半九十。中华民族伟大复兴，绝不是轻轻松松、敲锣打鼓就能实现的。全党必须准备付出更为艰巨、更为艰苦的努力。"③ 这意味着，在实现我国工业化、社会主义现代化，实现中华民族伟大复兴的关键时期，按照党中央的表述，现在是百年来，中国人民最接近现代化和实现中华民族复兴目标的时刻。在这一关键时期，中国同时将面临前所未有的挑战、风险、矛盾、阻力和困难。总体看来，这一时期既是中华民族复兴的关键期，也是社会矛盾的凸显期和社会风险的高发期。

从世界各国的经验来看，现代化最后的阶段往往是社会问题和社会矛盾丛生的日益增加时期。尤其是对于发展中国家而言，

---

① 《坚持以新时代中国特色社会主义外交思想为指导 努力开创中国特色大国外交新局面》，《人民日报》2018 年 6 月 24 日。
② 《中央经济工作会议在北京举行》，《人民日报》2018 年 12 月 22 日。
③ 习近平：《决胜全面建成小康社会 夺取新时代中国特色社会主义伟大胜利——在中国共产党第十九次全国代表大会上的报告》，人民出版社 2017 年版，第 15 页。

有些国家曾在工业化、现代化建设方面取得了很大的成就，但是在从中等收入向更高阶段发展时，却走向了经济停滞甚至社会动荡，结果中断了现代化进程。通过对亚洲国家现代化转型的调研，我们发现在实现现代化的过程中，许多发展中国家都倒在了从现代化的中等水平向更高水平迈进的过程中。① 因此，从初步实现现代化再向现代化更高水平迈进，实际上面临着重重困难。2006年，世界银行在《东亚经济发展报告》中首先提出"中等收入陷阱"的概念，处于这一时期的国家往往会陷入经济增长的停滞期，其具体表现是人均国民收入难以突破1万美元，甚至会形成系统性风险。当前我国人均国民收入刚刚跨入1万美元门槛。根据上述标准，可以说我国正处于迈出"中等收入陷阱"的关键时期。从内部看，这一时期的社会形势概括起来主要呈现为三大特点：制度红利衰减、社会结构分化、国家治理的复杂化。

第一，制度红利衰减。

制度往往具有两面性：优势与短板。随着经济社会发展和政治改革的深化，制度的两面性关系发生转化，制度优势降低，负面因素上升。以中国特色的"政商关系"为例，在改革开放初期，地方与基层政府及其干部对民营企业以及民营企业家大力支持、扶持，"每一位成功民营企业家身后往往都有党的干部"。随着社会主义市场经济的形成、中国经济快速发展，原本十分密切的政商关系的另一面——"政商粘连"逐步呈现，并进一步发展为消极、负面的因素。"每一位干部身后往往都有民营企业家"，呈现为极其复杂、难于理清和易于产生腐败的政商关系文化。再如，20世纪90年代的"分税制"改革，一方面大大集中了中央资源和提高了中央的统筹能力。但另一方面，分税制改革造成了地方，特别是基层财力和行政资源的短缺，进而导致了基层治理弱化，

---

① 房宁等：《民主与发展——亚洲工业化时代的民主政治研究》，社会科学文献出版社2015年版，第1—16页。

基层出现了大量问题。这种情况也影响到了中央政策、上级政令在基层的贯彻落实。

第二，社会结构分化。

随着经济发展，中国社会结构产生新的变化，新的阶级、阶层、群体不断出现，群体间关系不断变化，新兴社会集团的政治参与会带来政治冲击，影响社会既有的制度与秩序。

2008年以来"亚洲工业化进程政治发展比较研究"的调研，帮助我们在政治发展原因、动力及进程等方面获得了新的发现和认识。亚洲国家工业化、现代化进程中政治发展的实践及经验告诉我们：工业化、现代化进程中出现的新社会阶层、利益集团是现代社会政治发展的主要动力，新兴社会集团获取政治参与和获取政治权力的努力导致政治体系以及权力结构的变化。在这一意义上，新兴社会集团是政治发展的主要动力。

概括地说，众多发展中国家和地区在经历了工业化、现代化快速发展之后，大多遇到了社会转型、政治动荡，甚至政权更迭的变故，如菲律宾的"人民力量运动"、韩国的民主运动、我国台湾地区的政党轮替、印度尼西亚的"民主化改革"等，其基本的动因无外乎工业化阶段社会利益结构变动产生的新兴社会集团希望有更多的政治参与，政治发展的内在机制是新兴社会集团和既定权力精英围绕政治权力的博弈。这些国家和地区的政治发展最终进程，主要取决于工业化进程中，新兴社会集团的参与意愿和能力，以及原有权力精英制约和整合新兴社会集团的能力两方面的因素。[1]

我国改革开放以来形成了六大社会群体：企业家、城市白领、农民工、干部、国有企事业单位职工、在乡农民。[2] 其中前三大群

---

[1] 房宁等：《民主与发展——亚洲工业化时代的民主政治研究》，社会科学文献出版社2015年版，第1—16页。

[2] 房宁：《民主的中国经验》，中国社会科学出版社2013年版，第280—282页。

体是我国工业化、现代化进程中出现的新兴社会群体。根据各国经验，这三大社会群体将是未来影响我国政治发展、政治稳定的主要社会群体及结构性的因素。后三大群体在改革开放过程中虽然也发生了巨大变化，但是其社会地位和功能并未发生根本改变，他们也因此而构成了当前我国社会中相对的稳定力量和保护性力量。

第三，国家治理的复杂化。

在国家治理方面，传统的理论、方法和工具逐渐失效、失灵，经济社会领域中的系统性、整体性风险增多，各种矛盾和风险交织叠加，政府管理、社会治理面临复杂、困难局面。概括而言，国家治理的复杂程度和风险性已经大大提高。

一方面，经济社会发展极其迅猛，新问题、新矛盾、新现象层出不穷，以往理论、经验作用下降，功能衰减。另一方面，经济社会关系、社会结构日益复杂化，政治体系、经济体系的开放程度加大加深，使得政策措施的反馈日益模糊，政策预见性降低，治理体系的功能存在不足，意料之外的经济、社会、政治风险不断增加和上升。尤其是伴随着大数据、人工智能、互联网等高新技术的发展以及全球化程度的加深，经济社会各领域中存在的次要矛盾和局部风险会以不可控的速度和方式迅速蔓延和外溢，引发矛盾和风险的连锁反应，进而演变成影响社会稳定的整体性风险。这是我国国家治理体系面临的新问题和新挑战。

中国政治学发展的七十年，事实上偏重于价值选择，偏重于政治哲学的探讨。在实现社会主义现代化的关键时刻，政治学的主要功能也要随之转变，政治学的主要任务已经转化为：化解社会矛盾、解决社会问题、推动政治建设。当前，中国道路、中国理论、中国制度已经基本确立或建立起来了，社会原来关注的自由、民主、正义的价值观选择也随之发生了转变。自党的十八大以来，中国面临的主要问题已经不是"在路口"的选择，而是全面贯彻落实、完善中国特色社会主义制度的运行机制，提高国家治理体系和治理能力的现代化水平。总之，历史选择的时代已经转向了建设和发展的时代。政治学面对的是亟待解决的大量政治问题、社会问题，因而政治学需要关注实践，走进社会生活，贴近人民群众，推进政治科学的发展，运用政治科学知识维护稳定、促进改革、推动发展。

时代的变革、中国的进步呼唤中国政治科学的发展进步。当前，中国政治学应改变过去以研究已有知识为主的研究方式，改变从观念和价值出发设定逻辑、寻找解决方案的研究方法，把研究重点转向时代问题、实践中的问题，在研究和解决现实问题中发现规律、归纳思想、提炼理论，进而改变中国政治学的面貌。

人类有漫长而丰富的政治实践和政治经验，但是这些政治实践和经验的理论化程度很低。缩小或者缓和这种反差和张力需要大力推进当代中国政治科学发展，提高当代中国政治学研究的专业化程度，创新专业研究方法。因此，我们需要大力提倡在政治科学研究实践中，探索建立政治科学研究的方法体系，摒弃重复性研究，倡导原创性研究，形成政治科学的新方法、新范式。

当今中国正处于探索、发展、变革的时代。这是一个实践走在理论前面的时代，也注定是一个产生原创性理论的时代。在这样的时代，观察重于推理，归纳重于演绎。尽管政治哲学和政治科学的研究方法各有其特点和局限，但是当下时代的学问和做学问的主要方法注定是向实求知。从实践观察出发，归纳总结经验，再提炼提升理论，这是我们的时代包括政治学在内的社会科学发展的内在逻辑。面对新形势与新任务，中国政治学界应当担负起历史责任，而担负起历史责任的能力来自政治学研究专业化水平的提升。现在是"脚底板做学问"的时代，只要中国的政治学人能够坚持向实求学，政治科学必将在中国工业化、现代化的历史进程中大放异彩。

第二讲

怎么读懂政治学：文本解读

尽管调查研究是政治学研究最为重要的方法与手段，但文本研究仍然是不可或缺的重要研究方法。每项研究往往始于文本的研读，也就是说，政治学研究一般开始于案头的历史与现实文献的检索、阅读与研究。简言之，政治学研究往往始于读书。

读书，是对既有知识的学习与研究。这一讲我们就来专门谈谈政治学应该怎么读书。

第一节 从语义政治学谈起

在政治学领域读书、搞研究的一个基本工具是"语义政治学"。所谓语义政治学就是对公开的、见诸文字的政治语汇做索隐解读，以搞清政治语汇表意之下的隐意，搞清政治语汇所表达的全部的和确切的意思。读懂政治学要从语义政治学开始。

一 语言二重性：表意与隐意

语言和文字是人类知识的主要载体。读书就是通过阅读和聆听来学习和掌握知识。作为人际交流和沟通的工具，语言和文字具有复杂性，人们在用语言和文字表达思想、传递信息的时候往往具有两重含义——表意与隐意。这就是语言和文字表达的二重性。这种现象是人们在使用语言、文字交流时必然要遇到的。在政治领域，在政治表达与交流中尤其如此。因此，了解和掌握语言、文字的二重性是政治学阅读中首先会遇到和必须要解决的问题。

人类使用文字和语言，既用来传递信息和表达思想，同时又用以掩饰和伪装另外的信息和思想。伏尔泰就说过：语言是为了掩饰思想的。在许多情况下，人们的文字和语言所表达的实际意思与其表面意思并不一致，甚至正好相反。因此，读书既是获取知识的重要手段，又是被误导的重要途径。所以，每一个读书人都要懂得，读书不能仅仅接受语言文字的表意。何为表意？即约定俗成的、通识意义上的信息与意思。读书还要特别注意在阅读表意的同时，对隐藏其下的隐意进行解读。这在社会科学领域，特别是在政治学领域尤为重要。

隐意是政治语汇的普遍特性。政治语汇的隐意又有两种含义：掩饰与隐喻。

掩饰，是通过语言和文字表意所传递出的信息，将受众注意力从某些事实上移开。

隐喻，即暗示，通过表意将受众注意力引向特定方向，诱导受众领会某种授意。在现实生活中，语汇的隐意也被称为：笔下意、话外音、潜台词。

搞懂语言、文字的表意相对容易，搞懂隐意就不那么容易了。怎么搞懂表意之下、表意之外的隐意呢？

中国古代有个"探微烛隐"的典故，说的是战国时期著名军事家吴起去进谏魏国国王魏文侯的故事。《吴起兵法》中记载："吴起儒服以兵机见魏文侯。文侯曰'寡人不好军旅之事'，起曰：'臣以见占隐，以往察来，主君何言与心违'。"（《吴起兵法·图国》）吴起是专门去与魏文侯探讨军事事务的，魏文侯却故意说对军事事务不感兴趣。吴起当然不会相信魏文侯表面上的说法，他是从魏文侯的行为和过去表现来推断其想法和意图的。概言之，吴起是透过魏文侯顾左右而言他的语言表意推断他的心思。"吴起儒服以兵机见魏文侯"是中国古代政治中一个生动的、透过表意探究隐意的事例。这件事后来演化出成语"探微烛隐"。中国民间也有类似的说法，即"听话听音，锣鼓听声"。

二 索隐：读出笔下意、话外音和潜台词

戏剧学院、电影学院表演专业的学生都要接受潜台词的训练。从艺术的角度看，潜台词是潜藏在台词下面的人物的思想、愿望和目的，是台词真实的含义。在许多情况下，台词只是表达潜台词的一个衬托。在戏剧舞台上、在电影银屏上，演员如果只知道台词而不知道潜台词，他就不是在表演而是在背书了。演员只有知道潜台词，才能够对台词做出正确的表达。

政治学研究也是一样，要真正读懂政治语汇，首先就弄清隐藏在政治语汇下面的"潜台词"。怎么弄清"潜台词"？就是索隐。索隐，就是我们在语言、文字交流中透过表意探究隐意的方法。具体来说，索隐是根据政治语汇的历史背景和现实语境分析判断其确切含义。索隐的内容是对政治语汇进行结构性分析，这包括：对政治语汇做词源追溯和在特定语境下对政治语汇做出解读两方面的内容。

词源追溯，是对政治语汇做历时态的考察。在不同历史条件下，政治语汇的含义会有变化，要搞清一个词汇在最初出现时的含义，以及在后来实践进程中不断地变化与转义。以中国政治语汇里的一个高频词"人民"为例，在不同历史时期其含义就发生了很大的变化。在新中国成立前，人民一词在很大程度上是与反动派相对立使用的一个概念。在新中国成立后，人民特指工人、农民和知识分子，即所谓"两阶级一阶层"。在改革开放的新时

期，人民与"最广大"连用。在今天，中国的工人、农民、知识分子和其他社会主义劳动者、社会主义事业的建设者、拥护社会主义的爱国者、拥护祖国统一的爱国者，都属于人民的范畴。了解一个语汇的演变有助于对其真意的理解。

语境解读，即解读政治语汇还要对其语境予以特别关注。在不同的语境下、针对不同的问题、根据不同的目的，同样的语汇、同样一句话其含义会有很大不同。在日常生活中，人们也会经常遇到这样的场景，同样的一句话可能表达的是完全相反的两种意思。比如人们在听到别人的请求时，常常会说：好，让我考虑考虑。根据不同的情况和氛围，这句话可能是婉拒的意思，也可能是表示可以接受的意思。语境意味着语言、文字的特殊针对性。只有将政治语汇置于特定语境中才能准确把握它的具体含义，才能够读出笔下意、话外音和潜台词。

为了能够对政治语汇的表意和隐意做出双重解读，还要对政治语汇本身的特点做进一步的深入考察。

第二节　政治语汇的特点

政治语汇是人类沟通交流的三大基本语言之一。人类在社会生活中相互交流、交往主要依靠三种语言系统：生活语汇、学术语汇和政治语汇。

生活语汇是人们日常生活交流、交往的工具，涉及衣食住行、柴米油盐，用以传递生活信息、交流情感等。学术语汇是各个学术专业领域认识研究对象和用于交流沟通的符号和信息系统。政治语汇是认识政治事物，在政治领域进行交流、沟通的符号和信息系统。

政治语汇不同于生活语汇和学术语汇，政治话语体系专门用于描述政治现象、表达政治意图。与生活语汇相比政治语汇更抽象，与严谨的学术语汇相比政治语汇则显得灵活、模糊。要了解进而掌握政治语汇，就要了解政治语汇自身的特点。与生活语汇、学术语汇相比，政治语汇具有惯性、弹性、暗示性三大特点。了解和掌握这三个特点是读懂政治语汇的前提。

一 政治语汇的惯性

人类社会活动中对政治语言的运用十分保守。许多政治语汇经久不变，有很强的稳定性。在有些情况下，语言的含义已经发生了很大变化，但形式上却还是在说"老话"。这种现象也经常为人们所诟病，特别是年轻一代，常把这类政治语汇嘲讽为：套话。

在政治语汇的惯性方面，美国《宪法》堪称范本。美国《宪法》是世界上最早的成文宪法，制定于美国独立之初。1789年美国《宪法》正式生效，自生效以来已经有230多年的历史。230多年来美国社会情况发生巨大变化，实行联邦制的美国也从13个州扩张到50个州。但美国《宪法》的正文历经230多年后基本保持了原貌，后来的多次修改主要以修正案方式附于宪法正文之后。

为什么政治语汇具有长久的稳定性，许多情况下宁愿老词新用，也要保留语言上的传统？这是因为政治语汇总要受到过去表达方式的束缚，受到政治正确性的约束。因此，政治语汇中的新内容总要能与过去的表达方式以及内容尽量保持形式上的一致，或将旧话语重新拼装组合表达新内容。总之，新的政治语汇总要在传统中找到自己的根据。

我在政治学研究所工作时，经常参与上级主管部门交办的重要理论文章、文件、材料的编写工作。在这类政策性文章、文件的起草写作过程中，有一个规矩就是不能轻易用新词。这与学术论文的写作规律完全不同，学术论文写作在语言、词汇的选择和应用上有很大的主动性、灵活性，学者们还喜欢别出心裁创造出一些新词来表达特殊的含义。但在官方政论文章、政策文件起草过程中，所有使用的概念或重要提法必须有依据，使用新概念和提出新提法则要十分谨慎，新的概念、提法必须于史有据，有理可依。

记得有一次，我参加一个文件起草工作，负责人要求我们对文件初稿全文做一个"注释版"，即对文中每一个概念和重要提法做出注释，注明这个概念或提法在过去是否曾经使用过，在当时使用的含义以及后来演变的过程。这样做就是要让写作者清楚每一个概念和提法最早出现时的含义以及词义的演变，以便更加确切地理解和把握所使用政治语汇的内涵和外延，进而使老词托化出新意。

从语言学角度观察政治语汇的惯性特点，这种惯性是在不同历史条件下，在不同语境里，政治语汇的能指和所指关系发生了变化。同样的能指之下，所指发生了变化。

1962年，在经历了"三年困难"的挫折后，中共中央召开了扩大的中央工作会议，史称"七千人大会"。在会上，毛泽东指出："在我国，五十年内外到一百年内外建设起强大的社会主义经济，那又有什么不好呢？从现在起，五十年内外到一百年内外，是世界上社会制度彻底变化的伟大时代，是一个翻天覆地的时代，是过去任何一个历史时代都不能比拟的。"[1] 在1958年"大跃进"时期，毛泽东曾讲过几乎一样的话。而这两次讲话的背景完全不同，第一次是在"大跃进"冒进的情绪下，同样一段话的意思是要加快赶超，是加速的意思。而第二次是在遭遇挫折，冷静的情况下说的，意思是要放长眼光，是放慢速度的意思。同样的表述、语词，同样的能指，因语境的变化，其所指却是相反的含义。这就是政治语汇的奥妙，这是一种独特的语言现象。

所以，在阅读政治语汇时须要特别注意各种语汇、概念、提

---

[1] 毛泽东：《在扩大的中央工作会议上的讲话》，《毛泽东文集》（第八卷），人民出版社1999年版，第302页。

法在不同历史背景中的含义以及在当下语境里的所指。只有这样才能比较准确地理解和把握政治语汇的真正含义。

二 政治语汇的弹性

与学术语汇相比,政治语汇显得似乎不那么准确、不那么确切,常给人以一种模糊的感觉。换言之,政治语汇可以解读的空间要远远大于生活语言和学术语汇。这又是政治语汇的一大特点。必须指出的是,语汇上的模糊性并不意味着政治语汇含义不清,更不意味着可以任意解读。政治语汇的这种模糊性,应该被解读为政治语汇在表达以及理解上具有弹性空间。任何语汇都具有弹性空间,并不是一个词汇只有一种含义,只能做一种理解,而是政治语汇的弹性空间与其他两种语汇相比要更大一些。

政治问题涉及社会重大利益,政治是社会价值的权威性分配。因此,政治问题为社会各个群体所关注,同时政治也是引发社会矛盾的重要场域。对于社会稳定、社会和谐以及经济社会发展进步而言,政治权威以及政治权力运行的合法性、正当性是至关重要的。包括政府在内的各种对于政治活动具有影响力、支配力的政治机构以及个人,为了维护其合法性、正当性都会谨慎地运用权力和权威。而权力机构的权威性、合法性、正当性,首先是通过政治语汇表达和传递给社会和公众的,所有的法律法规、政策措施也都是以政治语汇为载体的。在中国就有"口号治国"的做法。在新中国成立前夕,中国共产党曾发布"五一口号",宣示了新中国的政治主张,在历史上产生了重大而深远的影响。政治权力机构的合法性、正当性首先就表现为政治语汇的严肃性、有效性和稳定性。设想如果表达法律法规和政策措施的政治语汇朝令夕改、反复无常、纰漏迭出,政权机构还有何威信可言?!

人类社会政治活动高度复杂,政治活动尤其是其中法律法规、政策措施的制定是一个充满不确定性的实践过程,都必须在实践中、在实际运行中不断探索、改进和完善。这样的过程贯穿于政治活动、政策法律制定的事前、事中、事后全过程。这也是所有政治语汇都要保持一定弹性空间的重要原因。法律法规、政策措施在实施中必然会出现与社会现实一定程度的不对应、不匹配情况。在这种情况下，如果政治语汇特别是法律法规、政策文件规定得过于具体、过于拘谨，在实际应用中就会出现不适用，从而产生"脱离实际"的刻板现象。因此，政治决策高层在制定法律法规、政策措施的时候，必须在语汇表达上留给实际执行、实施时的灵活运用和解释的空间。这样才能保持政治语汇的可操作性，保证执行法律法规、政策措施的有效性，从而间接起到维护政治权威、法律政策权威的作用。

政治语汇保持一定的弹性又是一种现实的需要。世界上没有任何一种理论、政策是被不折不扣执行的，法律法规、政策措施都是政治实践的结果，并随着政治实践发展而不断调整和修正。在理论指导实践和政策实施过程中，各个地方、各个层级的具体情况不同，理论与政策要结合具体情况做出适当变通。因此，政策在制定时，需要保留适度的自由裁量空间，政治语汇中保有弹性可以给事后留下一定的解释空间。这也就是为什么政治语汇与学术语汇乃至生活语汇相比具有一定模糊性的原因。政治语汇是人们交流、交往的语言中内部空间最大的一种符号系统。

三　政治语汇的暗示性

暗示（suggestion）是人们为了某种目的，在无拒斥条件下，通过语言、文字或形体动作等，用含蓄的、间接的方式发出的信息，使他人接受所示意的观点、意见，或按所示意的方式活动。在政治交流与沟通中暗示方法被大量使用。

"春秋笔法""微言大义"，是古人对我国古代政论中暗示性叙事方法的概括。在现代政论中，政治语汇的暗示性表现为在表意上不做确切表达，而是利用语境以及调动受众已有知识储备和心理准备，使其于无意间接受语汇中蕴含的信息。政治语汇中的暗示性与戏剧理论中的布莱希特表演体系接近，属于一种启发式的传播方式。布莱希特表演体系是致力于引导观众思考的戏剧模式，它利用制造"间离效果"（defamiliarization effect）与观众沟通，以引导观众理解与接受。所谓"间离效果"，是使用"陌生化"的戏剧语言对事件或人物进行描述，而将与事件或人物有关的那些不言自明、为人熟知、一目了然的东西剥离。"陌生化"可以引人关注，激发思考，而事先设定的语境和可资调动的受众知识储备和心理准备又会把受众的思维引向特定方向。一言以蔽之，暗示就是让受众以为是自己思考得出的结论，而不是被灌输的。布莱希特在《辩证法与陌生化》一文中指出，陌生化作为一种理解意味着否定之否定。

暗示方法在政治语汇中有大量使用，使得政治语汇更加灵活、更加主动和更易于为公众所接受。暗示性的政治语汇，在国际政治领域、外交领域被广泛使用。甚至可以说多数国际关系及外交领域中的政治语汇都具有暗示性，当然也包含惯性与弹性，乃至被称为"外交辞令"。近年来中美关系发生了很大变化。美国加强了对中国的打压、围堵和遏制。而两国关系的转折表现在美国官方对中美关系定义的语汇上，却只有十分微小的变化，即把中美关系从"合作—竞争"关系改为"竞争—合作"关系。一个词序的颠倒，实际上完全改变了两国关系的性质，其间充满了暗示性。

第三节　政治语汇阅读障碍

人类社会，特别是在政治领域，人们的语言、文字大都具有主观性，人们在传递知识、信息的时候往往具有影响受众的意图与意味。这就是我国古代讲的"文以载道"。我们说话时自觉不自觉地都有影响对方的意思。但"文以载道"的表达在许多情况下会引起受众阅读和接受的障碍。

受众在政治传播中遇到的第一种障碍,是由传递信息的片面性造成的,即传播中仅仅传递有益信息而隐匿其他信息。换言之,就是虽然讲的是事实,但不是全面的事实,或只讲了某一个侧面。第二种障碍则是有意误导造成的,即传播了虚假"事实",有时这也被称作"善意的谎言"或"白色的谎言"。第三种障碍是最为普遍的,即政治语汇表意的晦涩或隐意的深奥以及不熟悉的语境,导致了受众的不解或误读。

由此,我把政治语汇阅读理解的三种常见障碍概括为"三不":不全、不对、不懂。不全,即文本表意不完整或具有片面性;不对,即文本表意的有意误导;不懂,即无法读懂文本的真实含义。

政治语汇的表意与真实含义、隐喻之间的障碍,不仅总是使学者及普通读者深感费解,即使是政治家也会遇到同样的问题。在20世纪80年代末,我国一位地方党政主要领导调任中央出任主要领导。他上任伊始,经常到北京西郊的中央档案馆,阅读中央档案,通过了解中央重大决策以及重要文件讨论形成的过程以了解决策的背景和过程,从而搞清文件的真实的、确切的含义。

要读懂政治语汇就要深入了解"三不",进而克服"三不"。

一　不全：片面信息

公开政治语汇出于某种需要,经常披露部分信息、描述部分事实而并不全面准确地披露信息和描述事实,即为不全。比如,广为知晓的陈毅元帅对淮海战役胜利的论述。他曾说:淮海战役的胜利是老百姓用小推车推出来的。此句包含着一个暗示,其话外音是,中国共产党得到了人民群众的广泛拥护,故而得民心者得天下。

这一论述无疑是正确的，但却不全面。淮海战役的另一位重要指挥员粟裕将军就曾指出："华东的解放，特别是淮海战役的胜利，离不开山东民工的小推车和大连生产的大炮弹。"① 1959年10月1日，新西兰共产党总书记威尔科克斯在天安门城楼上受到毛泽东接见，他当场向毛泽东请教中国革命取得胜利的原因，毛泽东的回答令这位年轻的总书记颇感意外和不解。毛泽东说中国革命胜利有三条基本道理：人要吃饭，走路要用脚，子弹能打死人。毛泽东的意思是取得革命胜利不仅要靠革命意志，更要有经济的、军事的条件与优势。

我们不妨返回中国人民解放战争的历史场景来理解粟裕和毛泽东的论述。中国革命胜利、解放战争胜利当然是中国人民的人心向背使然，但最终取得战争的胜利则靠的是经济上和军事上的优势。在解放战争中后期，中国共产党以及中国人民解放军在经济上已经取得了相对国民党及其军队的巨大优势。以淮海战役为例，淮海战役前，解放军筹集粮食达近10亿斤。如果按一个战士每年吃500斤粮食计，这10亿斤粮食可供200万人的军队吃一年。在军事和武器装备上，解放军依托苏联当时设在旅顺的军事基地，建立起了强大的军工基地，主要生产火炮和弹药，当时已经可以生产大口径火炮和炮弹，有力地支持了解放战争。粟裕将军所称的"大炮弹"就产自当时的大连等地区。1948年，在解放战争的关键阶段，旅顺、大连附近军工基地的炮弹通过海路源源不断地运输到山东的胶东半岛解放区。在决定解放战争胜败的辽沈、淮海、平津三大战役中，解放军的炮兵力量已经超过了国民党军队的，这是"三大战役"胜利的重要保障。毛泽东在淮海战役时写下的檄文《敦促杜聿明等投降书》中说"我们一颗炮弹，就能打死你们一堆人"，尽显解放军的军事优势。历史事实表明，中国共

---

① 《粟裕传》，当代中国出版社2012年版，第433页。

产党及解放军在解放战争中后期，已经在经济上和军事上占有了优势地位，凭借经济、军事优势在很短的时间内战胜了国民党军队，夺取了全国政权。

二　不对：错误信息

政治传播中有时会出于某种需要传递不准确甚至错误的信息，以引导公众。这种情况下的政治语汇常常会误导受众。比如，在中国广为知晓的，在朝鲜战争中，美军的一段著名的"忏悔"，实际上是一个错误信息或误读。

1951年4月11日，美国政府宣布解除驻朝鲜联合国军司令麦克阿瑟将军的职务。麦克阿瑟是美军在第二次世界大战中的英雄，他被解职在美国国内引起轩然大波，甚至引发了国会内的党派斗争。在不得已的情况下，美国政府派时任美军参谋长联席会议主席的五星上将布莱德利到国会听证会进行解释。1951年5月15日，布莱德利来到国会听证会现场，他首先代表美军参谋长联席会议宣读了一项声明，解释麦克阿瑟被解职的原因，是因为麦克阿瑟公开主张要将朝鲜战火扩大到中国境内，而这一主张与美国及盟国的政策相抵触。美国政府坚决反对麦克阿瑟这种自作主张的轻率行为。布莱德利声明的最后一段话是："红色中国并不具有征服世界的企图。坦率地说，参联会认为这种战略（将战火扩大到中国境内）将会是在一个错误的时间，在一个错误的地点，与错误的敌人，进行一场错误的战争。"布莱德利声明的原文是：

> Red China is not the powerful nation seeking to dominate the world. Frankly, in the opinion of the Joint Chiefs of Staff, this strategy would involve us in the wrong war, at the wrong place, at the wrong time and with the wrong enemy.

显然布莱德利在这里是用虚拟语气讲了如果实行麦克阿瑟的战略可能导致的严重后果。这只是一种假设的情境。但长期以来，人们听到的却是这样一段表明懊悔和忏悔的话：美国"在一个错误的时间，一个错误的地点，与错误的敌人，进行了一场错误的战争"，而这显然是不对的。

三 不懂：理解障碍

读不懂政治语汇是一种最常见的阅读障碍。政治语汇是不同于学术语汇和生活语汇的特殊话语体系，政治语汇有着十足的弹性空间和微妙的暗示性。按学术语汇、生活语汇理解政治语汇通常是难解其意，读者常感莫名其妙，谓之"假大空"。其实在所谓"假大空"之下，政治语汇有其重要而确切的意思，整个国家政治系统就是靠政治语汇这套信号系统沟通和运作的。研究政治问题，研究政治学，必须能够读懂政治语汇。这是政治学者的一项基本功。

凡令人费解的政治语汇，便是表意与隐意分离最为典型的语汇。这种典型的表意与隐意分离的语汇，从表意看往往是惯性特征突出的语汇，看似旧词老话，却显然不是简单重复而另有寓意，但一般读者又不甚明了。比如，2000年2月25日在广东省考察工作时，时任中共中央总书记江泽民从全面总结党的历史经验和如何适应新形势新任务的要求出发，首次对"三个代表"重要思想进行了明确阐述，即"中国共产党始终代表中国先进生产力的发展要求、中国先进文化的前进方向、中国最广大人民的根本利益"，并指出"三个代表"是中国共产党的立党之本、执政之基、力量之源。这显然是一个重要政治论述，后来"三个代表"重要思想成为中国共产党的重要指导理论之一。但在当时，许多人可以感觉到这一重要论述不同寻常，但对具体内容和意义却并未能准确认识和把握。从表意上看，中国共产党要始终代表中国先进生产力的发展要求、代表中国先进文化的前进方向、代表中国最广大人民的根本利益,这三个重要论点都是以往理论所包含的,甚至是马克思主义的基本观点。但在中国实行改革开放的重要历史转折关头,将这三个基本观点融合一体,究竟反映了什么样的重要的理论创新,对未来的政治实践、政策走向会产生什么样的影响,却是当时许多人所未知的。后来随着政治实践的发展,随着这一重要思想在现实经济、社会生活中贯彻落实,全党和全国人民才逐渐认识和理解了"三个代表"重要思想的内涵和意义。

第四节　解读政治语汇三法

那么,怎样才能读懂政治语汇呢?这是一个需要长期实践磨练的学习过程。真正能够读懂政治语汇,需要在大量科研实践、调查研究中,在路上、在会上、在现场,多听、多看、多问、多思,才能慢慢地理解政治语汇,掌握和运用政治语汇。

在中国社会科学院政治学研究所长期工作期间,在和科研人员特别是青年科研人员一起工作的过程中,我认识到,从事社会科学研究特别是从事智库型研究的科研人员,必须经过政治语汇的语义学训练。只有经过政治语义学训练才能读懂政治语汇,读懂文件,看懂文章,才能胜任工作,否则就只能是个"门外汉",在科研工作上摸不到门道。在实践中,我们慢慢摸索到一些方法。在政治学研究所,我们把政治语义学训练方法很通俗地概括为三句话:读懂"以来"、下去走走、出去转转。

一　读懂"以来"

所谓"读懂'以来'",就是系统地研读自党的十一届三中全会以来,人民出版社和中央文献出版社出版的中共两次党代表大会之间的文件汇编，如《三中全会以来——重要文献选编》《十二大以来——重要文献选编》……《十八大以来——重要文献选编》，等等。这些文献汇编汇集了当代中国最重要的政治文件、领导人重要讲话，堪称学习研究当代中国政治的标准读本。

十多年前，政治学研究所承担了一项中央交办的系列理论文章写作任务。当时工作进展得很不顺利，课题组遇到了很大困难。时任中国社会科学院副院长的冷溶同志分管这个项目，他常常与课题组一起研讨，指导我们的写作工作。有一天，冷溶同志对我说：我发现政治学研究所的同志们对党的文件不很熟悉。冷溶同志的批评真是一语中的，点出了我们的问题，一针见血地戳到了我们的痛处。对党的文件、党的理论不熟悉，怎么能完成中央交办的任务?! 怎么能写出好的理论文章?! 我当时真是羞愧难当。我想岂止是政治学研究所的年轻科研人员对党的文件不熟悉，我身为主管科研工作的副所长不也是如此吗?! 亡羊补牢，犹未为晚，知耻而后勇。当时我们痛下决心，一定要补上这一课。我与所里几位年轻科研骨干交流，大家形成了共识，为了工作的需要，我们一定要系统学习党的文件、文献，了解党的理论的发展、沿革和创新。在研读党的文件、文献过程中，我们意识到改革开放以来党的重要文件、文献都收集在中共中央文献研究室编辑的"以来"当中，这可以作为我们系统研读中央文件和党的理论的标准读本。于是，十多年来包括我在内的政治学研究所许多年轻的科研人员转变了观念，十分注意研读和了解党的文件、文献，把它作为胜任科研工作的一项必备的基本功。

二 下去走走

所谓"下去走走"，就是要经常参加基层的调研活动。党的理论、党的文件并不是在书斋里、书桌上"写"出来的，而是经济社会发展、政治建设、思想文化建设实践的产物。因此，要读懂文件就不能仅仅停留在书本和字面上，而要了解思想理论、文件文献产生的缘由和过程，这样才能克服表面化、肤浅化的认知。多年来的科研实践和经历，让我对此深有体会。

2009年前后，我们承担了中央有关部门交办的一项有关党的建设、反腐倡廉以及相应干部人事制度改革的课题。这个课题有很高的理论性、实践性、政策性方面的要求，是一项专业性极强的研究任务。对于我们来说，当时承担中央高标准、严要求的课题真是力有不逮。记得那时课题组经常在一起研讨，隔三岔五就在政治学研究所大会议室召开全课题组以及相关专家参加的研讨会，号称运用"德尔菲法"进行研究。但即使如此，课题进展还是十分缓慢。我们感觉是一头雾水，不得要领。那时我们的研讨会经常要开到晚上七八点钟才不得不结束。这样搞了一段时间，大家实在是痛苦。有一天该课题总牵头人、时任中央纪委驻中国社会科学院纪检组组长李秋芳同志建议，课题组到地方上搞一次调研。研究报告在屋子里实在是"憋"不出来了，大家听说要出去走走，纷纷响应。不久，我们课题组到广东做了一次调研。下来一走，果然情况为之一变！我们发现，在北京的会议室里我们想到的那些问题，有的已经在实践中解决了，有的正在试点解决中，还有的根本就是我们脑子里想出来的问题。后来我们把这些在实践中根本不存在或无伤大雅的枝节问题，称为"假问题"。这次调研让我们耳目一新，调研结束后满载而归。从此，每当课题研究陷入困局，我们就抬起脚外出调研。那次课题做得很成功，我们从中受益良多。当时，我们课题组里有句顺口溜："坐困京城一筹莫展，出去走走柳暗花明。"更可贵的是，这后来也成了我做研究的一个方法。幸运的是，从那时起可以说没有一次调研"踏空"，每一次都是收获满满，这简直成了我们科研工作的一个法宝。

三　出去转转

所谓"出去转转",就是去搞国外调研。比较政治研究是政治学研究的三大方法之一。中国的事情如果仅仅在中国是看不明白的。了解中国必须了解世界,不了解外面的世界就无法深刻准确地认识当下的中国。中国是世界的一部分,中国的工业化、现代化进程也是人类社会发展的共同趋势,具有相同规律。按照马克思的说法,当代历史已经是世界史了。同理,欲了解世界也要了解中国,了解中国是了解世界的必经之路。

2008年,我们开始了亚洲政治发展比较研究的课题研究。从那时起,我们在亚洲10个国家及地区做了大量田野调查。在国外、境外做比较研究的过程中,我们有一个多少有些意外的收获,那就是更多更深地了解了中国,读懂了中国。就我个人而言,亚洲政治发展比较研究开拓了我的视野,转变了我对许多问题的认识视角。比如,过去我是个"性质论"者,看问题基本上是基于性质论的视角,倾向于从社会属性、政党特征、文化类别等视角看问题。换言之,观察事物看差异多、看共性少。但大量国外、境外调研逐渐让我意识到,当代世界政治发展中有大量的共性问题。

以文本阅读而论。我们在日本调研,在查阅日本明治维新时期文献时发现,日本工业化初期的文献与中国改革开放初期一些地方政府的文件在语言上竟然十分相似。如日本明治维新的纲领《五条誓文》中有核心一条:"官武一途,以至庶民,各遂其志,务使人心不倦"。1982年中共义乌县委提出"允许农民经商、允许长途贩运、允许放开城乡市场、允许多渠道竞争"。"五条誓文"与"四允许"在思想内容和精神气质上何其相似,其核心思想就是打破束缚、放松管制,充分调动民众的生产积极性、主动性、创造性。在比较研究中,随着眼界的扩展,我也逐步从一个"性质论"者,渐渐地具备了"阶段论"的新视角,逐渐认识到各个国家、处于不同发展阶段的社会之间的差异许多是由不同发展阶段造成的，逐渐明白了国家与国家、制度与制度间的差异有些是不同属性造成的，有些则是不同发展阶段必然要出现的现象。出去走走，在外调研，增强和提高了我们文本阅读以及对政治语汇的理解能力。像日本的"五条誓文"与中国的"四允许"，在我们的认识视域中就起到了相互启发的作用。

第五节　政治实践的三种形态

在长期的科研实践中，在"读懂'以来'、下去走走、出去转转"的过程中，我们进一步认识到政治实践具有不同的形态。要真正理解政治事物、政治活动，就要了解表现在不同层面上的政治实践的不同形态，并且在不同政治实践形态的观察与相互比较中理解政治实践，读懂政治语汇。我们将政治实践概要地分为三种基本形态，并通俗地称为：说法、做法、想法。

20世纪90年代，苏联解体、东欧剧变后，原东欧社会主义国家纷纷改制转轨，称为"转型国家"。当年研究苏东转型一度成了热点，国内出现了不少研究匈牙利、波兰等转型国家的论著文章。但限于当时条件，这些研究者大都没有去过东欧实地考察调研，研究主要是依据书面文本材料。后来事实证明这些研究的成果基本上是南辕北辙、离题千里。为什么会把研究工作搞成这个样子呢？事后发现，当时由于受语言条件局限，研究工作所参阅和依据的主要是欧盟的英文文件。但问题是当时欧盟文件主要是为推动东欧转轨所做的制度设计与政策方案，而非东欧转轨的实际情况以及政策实施的情况。按我们的说法，那些研究只是研究了欧盟的"说法"或"想法"，而非东欧国家转轨的实际"做法"。

一 说法

所谓"说法",是对政治事物、政治问题以及政治方向、政治目标和政策措施所做的描述与宣示。"说法"的主要表现形式是各类文件、法律、政策、规章以及领导人讲话等。它是社会政治形态最表面的部分。

政治活动,说法先行。政治语汇中对政治事物的宣示一般情况下是基于理想状态的。在社会的实际运行及政策制定中,常有所谓"取乎于上得乎其中,取乎于中得乎其下"之说,多数情况下"说法"是政治体系活动的理想状态和高限宣示。在实践中,受制于主客观条件、成本与时机的约束,理想状态和高限宣示通常是难以真正落实、真正实现的。因此,在对政治语汇的解读中,必须对各种说法保持警惕,必须要采取分析的态度。

在工作中,我常对年轻科研人员说:看书、读文件,谁人不会?!如果光靠看书、读文件就搞懂政治,岂不太容易了?!在编辑《政治学研究》的过程中,我们看到许多作者,将案头收集到的书面材料、政府文件、领导讲话直接拿来作为事实或论证依据写到论文里。每见于此,我不禁哑然失笑。就像当年一些人依据欧盟制定的制度、政策方案研究东欧转轨一样,把不加分析和考证、未经调查研究,更没有经过质疑、证伪的数据、材料和论点,直接就写进论文、报告里。这种做法真应了中国的那两句俚语:拿着鸡毛当令箭,给个棒槌就纫针(认真)。

那么,怎样才能不为说法所遮蔽,不为说法所误导,而能够对于说法有所甄别,能够准确地把握说法呢?最主要的方法就是对做法进行考察,并将做法与说法进行对照,以识别说法的成色。

二 做法

所谓做法,是指政治实践与政治体制运行的实际形态。做法是政治实践的真实状态，是发生了的事实。实践中的做法主要有两种具体的形态：一是，各类法律法规、政策文件、规章制度以及领导人讲话的落实情况；二是，虽然在各类法律法规、政策文件、规章制度以及领导人讲话中没有提及，但却实际发生了的事实，即所谓"只做不说"或者叫作"自选动作"的那些实践活动。

我们所处的历史阶段是工业化时代。当代一切政治问题都与工业化有关，都根源于工业化的历史进程。工业化进程中的社会处于急剧的变化发展当中，工业化时代社会变迁的速度是古代农业社会无法比拟的。因此，工业化时代的政治宣示以及包括法律、政策等在内的各种"说法"，也随着快速发展的社会而变化，往往处于流动状态，处于不稳定状态。

以在各种"说法"中最为稳定的法律、法规而论，改革开放以来中国进入快速立法阶段。40多年来我国制定的有效法律计有229件，行政法规近600件，地方性法规7000多件。我国法律界对法律、法规实施执行的实际情况进行评估，形成了"三个三分之一"的说法，即三分之一的法律、法规得到了比较好的执行，三分之一的法律、法规执行情况尚可，三分之一的法律、法规执行情况较差。这种局面与处于工业化快速发展中的中国社会变迁有关。法律、法规的执行情况尚且如此，在政治层面、政策层面的各种文件、领导讲话的执行情况与实际情况就有更大的距离。因此，在现实条件下，对于实际政治运行、国家治理、社会管理中的实际情况与各种说法进行对照、评估，就是必不可少和十分重要的。

在科研工作和调查研究过程中，每做一个项目，每到一地调研，首先要做"必修课"，就是将预先从案头、媒体上获取的各种说法特别是基本的和主要的说法与实际情况进行对照，以搞清各种文本中规范性规定的实际执行、实施的情况，并由此得出比较符合实际情况的判断。尤其是近年来地方与基层形式主义风气有所滋长,"比比划划假作为",搞形式主义的"样子工程""面子工程"现象绝非少见。在这种情况下,政治学研究中以"做法"对比"说法"的阅读法,就显得更为重要。

如何对比"说法"与"做法"?除去大量的基层走访、现场观察外,我们也找到了一些"窍门",即简易有效的对比方法。

(一)调查基层单位事权与财权匹配度

我们的第一个方法是调查基层单位所担负行政管理与社会服务事务与其财力资源的契合程度,即所谓事权与财权的匹配度问题。

国家与社会治理的界面在基层。上面的所有"说法"最终要落地于基层,最后实现于基层。基层是检验各种法律法规、政策措施落实情况的现场。我国各级党政机关以及基层单位的行政管理制度已臻于完善。现在无论是部门还是基层,各种记录行政事务、管理工作的台账都相当规范。但台账上反映出的工作是否真实?实施效果如何?仅看台账肯定是不行的、不够的。我们在调研中摸索出了一个简易方法,就是每到一地做基层调研,先去找主管领导和财政部门进行财权、财力的调查。

2017年10月,我到浙江某市一个镇做驻点调查。这是一个远近闻名的工业强镇,也是各项工作走在前列的模范镇。我在镇上住了8天,与本来已经十分熟悉的镇长等党政干部朝夕相处,对他们的工作、生活进行直接观察。这个镇上的工作可谓千头万绪,镇干部们一天到晚忙个不停,工作十分努力、十分辛苦。从各种台账上看,这个镇各方面工作十分出色,各种文件、报告、记录一应俱全,记录得整整齐齐、清清楚楚。但随着现场观察与交流的不断深入,我了解到要维持该镇经济社会的日常运转以及完成预计的各项工作,全年至少需要8000万元资金。但当时已经是10月了,镇里资金离8000万还差得很远,预计全年仅能获得资金6000多万元,这意味着距离最低财力保障尚有20%以上的巨大缺口。镇长对我说，如果不能额外搞到至少1500万的资金，全年工作就要大打折扣。资金是实打实的，没有钱肯定办不了事。可以这样说，这20%多的资金缺口就是该镇工作在"做法"与"说法"上的差距。

（二）进行事后评估

我们的第二办法是开展调查研究后的事后评估。改革开放以来，我国治理体系和管理方式有了长足的进步。这主要表现在政策制定前期进行的大量调查研究。"民主决策""科学决策"，使各种政策措施尽可能做到正确、可行。但是，我国的政策制定与决策体系存在一个明显的短板，那就是缺乏事后的效果评价。当然这也是时代的特色。由于我国经济社会的快速发展变迁，在治理体系和管理方式中，法律法规、政策措施的效果评估确实很难跟上形势变化和发展速度，所以成了治理和管理中的短板。应该说，近年来事后评估得到了越来越多的重视，情况正在发生改变。近十余年，我们在各类政策性研究中，非常注意运用后评估的方式，对各项法律法规、方针政策以及改革方案的实际执行情况进行分析评价，以搞清各种"说法"在实践中落实的情况。

2016年，国家实施"群团改革"。我们承担了对群团改革效果进行第三方评估的课题。在这次评估调研中，我们考察了群团改革中共青团改革的一个试点单位。这个单位制订了十分详细的改革方案，主要内容是精简五个处室，精简二十多位机关干部充实到基层单位。这个方案经过了上级单位的审核批准如期实施了。但我们到这个试点单位下属的基层单位调查时发现，基层单位实际上也存在人浮于事的情况。基层单位反映其实并不需要上级下派人员来"充实"。在这次改革过后，我们再次去那里调研时发现，原先"充实"到基层的下派干部又纷纷返回了原来机关。

通过"说法"与"做法"的对比，以"做法"检验"说法"，是政治学研究中读懂政治语汇，准确理解把握法律法规、政策文件、领导讲话的重要步骤。

三 想法

所谓"想法",是初始的、基本的政治动机、意图和目标。在中国语境里常常表述为路线和方针,如实现社会主义现代化、全面建设小康社会、坚持实事求是的思想路线、坚持"一个中心、两个基本点"的基本路线,等等。想法还表现为各种政治思想理论与主张,反映社会不同群体、集团的利益诉求,如发挥市场在资源配置中的决定作用、发挥国有经济的主导作用,等等。"想法"与"说法"的区别在于:想法,主要表现形态是形而上的思想与理论层面的宣示;说法,主要表现为政策、规章等体制机制层面更为具象的论述。

在现实政治实践中,说法、做法、想法三者之间总是有距离的。说法,既反映做法,又在修饰或掩饰做法。而有些做法又是没有说法的,或是与说法不符。做法与说法背后的想法,离社会现实、政治实践最远,但又是政治进程的主观推动力。想法最终要转化为说法与做法,但想法的落实又必然受到客观条件的限制,想法总是会在政治现实中变通、变形。

读懂政治语汇就要分三个步骤把握好政治语汇三种形态。第一个步骤是先要了解"说法",第二个步骤是对比"说法"和"做法",第三个步骤是将"说法""做法"和"想法"三种形态进行综合分析,以融会贯通。

在"说法""做法"和"想法"三种形态当中,"想法"是最深层的动机,是"说法"和"做法"的出发点、原动力。想法与说法之间的差距,反映了客观条件对政治目标、意识形态的限制。在中国革命的进程中,毛泽东有一句名言:"领导我们事业的核心力量是中国共产党,指导我们事业理论基础是马克思列宁主义。"中国共产党以马克思列宁主义为指导思想,以实现共产主义为宗旨目标。这是中国共产党发动和领导中国革命、建设和改革的总"想法"。但是，中国共产党在领导中国革命、建设、改革的进程中的各个历史时期的"说法"是不同的，甚至有很大差别。

在中国共产党成立之初，按照列宁的"民族殖民地"理论和共产国际指示，中国共产党在第一次国内革命战争时期实行"国共合作"，发动和推动以反帝反封建为目标的民主革命。在接下来的第二次国内革命战争时期，中国共产党发动农民实行土地革命。在抗日战争时期，中国共产党建立了广泛的抗日民族统一战线，联合一切力量反对日本帝国主义侵略。在抗日战争胜利后的解放战争时期，中国共产党提出建立新民主主义共和国的纲领。新中国成立初期仍然实行了一段时间的新民主主义政策，只是到1956年才完成了社会主义改造，以实现社会主义、共产主义为目标，开始了社会主义建设。中国共产党在各个不同历史时期，从时代条件出发，适应不同形势，提出不同的战略策略和路线方针，完成不同阶段的历史任务。而中国共产党在各个历史阶段又始终初心不忘，使命不丢。这就是在"想法"与"说法""做法"之间保持张力。只有理解这种差别与张力，我们才能真正读懂不同历史时期的政治语汇，才不会望文生义，不求甚解。

第六节　经验还原法：读懂"无字之书"

在了解了语言、文字二重性，了解了政治语汇特点、政治语汇阅读障碍、政治实践的三种形态以及解读政治文本和语汇的方法之后，我们就可以做个小结了。

怎样读懂政治语汇？怎样跨越语言和文字的屏障？怎样明了"潜台词""话外音""笔下意"？归根结底，要在"有字之书"之外，读社会实践这本"无字之书"。从一般方法论意义上看，这是一种基于经验的还原方法。

一 回归历史语境

一般而言，政治语汇都有一个产生、发展和演变的过程。读懂政治语汇要注意其产生和演变的历史，从政治语汇产生的历史语境中把握其真意。如果没有对政治语汇历史语境的把握，就很难理解其在当下的确切含义，如果连政治语汇的表意都不能明了，遑论对隐意的理解和把握。关于这一点，美国宪法学里有一个著名的例子。

美国《宪法》产生于美国独立战争，是美国人民反抗英国殖民统治、争取民族独立的产物。美国《宪法》基于《独立宣言》的平等、自由的理想。1776年《独立宣言》中写道："我们认为下面这些真理是不言而喻的：造物主创造了平等的个人，并赋予他们若干不可剥夺的权利，其中包括生命权、自由权和追求幸福的权利。"《独立宣言》鼓舞和推动了美国人民争取独立的斗争。但作为美国独立战争的政治、法律果实的美国《宪法》，却与《独立宣言》的精神大相径庭。美国《宪法》中居然承认了奴隶制！这被认为是这部人类政治文明重要成果的一处致命伤。然而，如果你打开美国《宪法》正文原文，从头看到尾肯定找不到"奴隶""奴隶制"这样的字样。换言之，美国《宪法》正文中并没有承认奴隶制的语汇，而有关奴隶制的宪法条文是深藏在美国《宪法》中的"曲笔"。只有把这部《宪法》放回多年前北美殖民地的历史场景中，方能将其读出。

美国《宪法》中深藏承认奴隶制的原因在于当年的历史情况。独立时最早加入美利坚合众国的是原殖民地的十三州，这十三州中既有保留奴隶制的蓄奴州，也有废除了奴隶制的非蓄奴州。在制定《宪法》过程中，蓄奴州与非蓄奴州就是否废除奴隶制发生了激烈争论，最后非蓄奴州做出妥协，在《宪法》中以"曲笔"承认了奴隶制。美国《宪法》第四条第二款中规定："根据一州法律须在该州服劳役或劳动的人，如逃往他州，不得因他州的法律或规章而免除此种劳役或劳动，而应根据有权得到此劳役或劳动之当事人的要求将他交出。"① 这当中的"劳役或劳动之当事人"所指的就是蓄奴州的奴隶。而且根据这一条款规定，如果蓄奴州的奴隶逃亡到非蓄奴州，也不能因此而改变身份。1857年因美国《宪法》中的这一条款，引发了美国历史上著名的"斯科特诉桑弗特案"，而这一诉讼又成为引发美国南北战争的重要导火索。南北战争以北方胜利结束后，1865年也就是在美国《宪法》生效78年之后，美国国会通过了《宪法》第十三修正案。这就是著名的废奴修正案，它废止了《宪法》正文中第四条第二款，从此美国才在《宪法》层面废除了奴隶制。这一政治史、法律史上的著名案例生动说明了，在许多情况下，人们只有返回历史场景，回到当时语境之中，才能正确地发现和准确地理解许多重要政治语汇的真实含义。

二 回归现实生活

理论源于实践，话语来自生活，有字之书产生于"无字之书"。这本无字之书，就是社会实践。读懂政治、读懂政治学的根本方法，就是通过对产生政治思想和政治知识的社会背景、社会条件、社会实践的了解，通过对人类社会的知识生产经历的体验和验证，了解社会生活、政治实践与人类认知的关系，形成对现有政治学知识和政治思想、政治语汇的准确判断和正确理解。这意味着，人们的理论知识，人们对理论的了解与掌握、运用乃至支配，是建立在人们自身的经验之上的。毛泽东在《实践论》有句名言："一切真知都是从直接经验发源的。"反过来说，人们所拥有的理论系统则需要自身的经验系统加以检验与支撑。小到一

---

① 李道揆：《美国政府和政治（下册）》，商务印书馆1999年版，第784页。

个观点,大到一种理论,如何判断其是否正确?如何判断是否要接受它?这就需要依据自己以往的社会经验做出检验并形成判断。从这个意义上讲,一个没有经验的人,就不能真正掌握理论。对于没有经验的人而言,理论只是一堆没有用处的文字。

没有实际生活经历、没有社会经验的人,他们是怎样理解社会科学知识与理论的呢?一般来讲,他们是凭借自己的价值偏好形成判断和做出取舍的。他们只能看到自己想看到的东西,他们是"六经注我",他们根据个人好恶来吸收乃至运用社会科学知识和理论。这样的人,一辈子只是一个"自己的人",他们永远生活在自己的感性世界里,为个人价值观所驱使,而无法形成客观、科学的认知。

一个真正的学者、一个真正的社会科学家,必须摆脱由自我价值设定的内心世界,真正走入客观世界,走进社会生活,走到人民群众当中。只有在与社会生活的接触中,在与人民群众的接触中,在社会实践、科研实践中,获得一定的经验,再依据这些经验去学习和掌握理论知识、判断理论知识,进而学会运用和支配理论知识。

时至今日,人类的思想园地丰富多彩,各种观念和论述层出不穷。但是,无论理论多么新奇,无论论述多么精彩,这一切都源自社会生活、社会实践。生活与实践是社会科学知识乃至政治学知识产生的土壤,了解历史与现实的实践进程,才能了解各种社会科学知识和理论出现的原因、具备的功能和所要达到的目的。知根知底,方能融会贯通。

这里要对年轻学者说上几句。一般而言,初学者、年轻人对同一事物、同一知识的理解与有经验的人、年长者的看法会有很大差别。黑格尔说过:"对同一句格言,年轻人所理解的意义,总没有饱经风霜的老人所理解的广泛和深刻。"初学者、年轻人往往只能看到语言、文字的表意,难以判断其真伪与价值,往往是

"看山是山，看水是水"，甚至做了各种知识、形形色色理论的拥趸、俘虏而不自知。初学者一般情况下，只能接受信息和知识，而不具有判断、辨别乃至支配知识的能力。但初学者、年轻人终究会成长、成熟起来，终究会从外行变成内行。而成长、成熟的第一步就要超越语言、文字的障碍。这就需要扎扎实实地做还原生活的功课，扎扎实实地了解知识产生的过程，通过知识产生的基础和背景来了解和判断知识的真意与价值。年轻人要在这个过程中获得属于自己的经验系统。不下这个功夫，就永远入不了门，就只能徘徊于观念的迷宫之中。

我把这种通过对社会生活与社会实践的了解获取经验系统，进而学习、理解、掌握、运用社会科学知识与理论的方法，称为"脚底板做学问"，即通过对产生知识与理论的社会实践的了解，进行逻辑的分析和推断，对既有知识与理论进行验证，以分辨其真伪，明了其价值。这一点很像刑侦学及刑事案件现场勘查时采用的证据学方法。

"脚底板做学问"，就涉及了政治学研究的最基本的方法——调查研究。

第二讲

怎样做调查研究：三种基本方法

科学是对客观世界的认识，政治学是对政治活动的认识。政治活动由客观事实构成，了解客观事实是政治学的出发点。了解客观事实就要调查研究，调查研究是政治学研究所必须的。

科学研究的方法从何而来？科学研究方法主要是由科学研究的目的决定的。为满足研究目的的需要，就要创造和选择相应的研究方法。正所谓：一把钥匙开一把锁。同时，研究方法的创造和选择还要与研究领域和研究对象特点相适应。政治学研究领域和研究对象有三个显著特点：一是，作为政治学研究对象的文本与事实两者之间存在巨大差距；二是，政治学研究对象稀缺；三是，政治学研究难以"到场"。正是由于政治学研究领域与研究对象的这三大特点，与此相对应政治学在科研实践中逐渐选择和创造了现场观察、比较研究和典型观察三种具体的研究方法。

第一节 为什么要调查研究：认知规律问题

关于调查研究对于社会科学的意义，通常的看法是：调查研究是为了解实际情况，获取"第一手材料"。具体到政治学，政治事物是政治学的研究对象，政治学研究第一步就是要发现事实，发现事实的主要工作是重现现场、复现过程，以了解事实的全貌与真相，为科学研究建立可供观察和分析的客观对象。

但是，在社会领域以及社会科学研究过程中的"事实"究竟是什么含义？人们是怎样认识"事实"的呢？这是一个复杂的认识论问题，也是当代的认知心理学、政治学、刑侦学、情报学领域中的一个基础性理论问题。调查研究与人的认知规律有关。

一　人怎样认识世界：建模与偏见

大千世界千姿百态，一棵树上的每片叶子都是不同的。人类认识世界不能针对每一个个别事物，而要将事物分类，然后分别把握不同类型事物之间的区别与关联。人是在这样的结构体系中认识世界的。

(一) 建模：人类的认识工具

这个分类认识的过程就是建模。建模是人类特有的认识方式，人类是通过建立用于认知的分析模型来处理信息和认识事物的。分析模型是根据人们以往的经验或观念，对于不同事物之间包括因果关系在内的一系列关系，形成的理解和预期。

中国古代军事史上有个"减灶之计"的典故。战国时韩国受到魏国攻击向齐国求救。齐王派田忌为大将、孙膑为军师，率军进攻魏国都城大梁以救韩国。魏军主帅庞涓急忙回师救援。孙膑得知庞涓回师，就建议田忌采用减灶之计来麻痹魏军。齐军"入魏地为十万灶，明日为五万灶，又明日为三万灶"。庞涓误以为齐军溃散，轻敌冒进，结果中了埋伏全军覆没。

建模是人类思维与认识的基本方法，是通向真理的途径。但建模又是一个陷阱，它可能引导人们误入歧途。人们的认知过程是一个主动而非被动的过程，是"建构"事实，而不是简单地"记录"事实。

人们认识世界必须通过建模，这是无法避免的。建模就像一个筛子和一个箩筐,对认识对象、对大千世界进行筛选,去粗取精、去伪存真,最后把真理筛进"筐"里。但建模也会在人的意识中形成和建立一种先入为主的"预期模式",从而干扰人的认识,框定人的思维,导致所谓的"认知偏见"(cognitive bias),使人最后得出错误认识。

(二)支点与驱动:认知偏见的来源

具体讲,究竟是什么地方出了问题才导致认识偏见发生呢?人们的认知偏见一般出在两个关节点上:一是分析认识的"支点";二是形成认识的"驱动"因素。

第一,"支点"错误。所谓"支点"(linchpin),即分析和推理、论证的前提条件。任何事物都是存在前提条件的,认识也是这样。如果认识一个问题的前提条件是真实的,后面形成正确分析、推理和论证的概率就大,就比较可靠。但如果前提条件是虚假的、错误的,后面的认识肯定是一场误会。1950年,联合国军司令麦克阿瑟误判中国出兵的第一个错误就出在认知的前提下,即犯了"支点"错误。

第二,错误驱动。所谓"驱动"(driver),也称"关键变量"(key variable),是形成事物特性和推进事物发展演变的重要相关因素。人们认识事物不是一蹴而就的,而是一个过程。在认识不断发展的过程中,会遇到一些影响事物发展演变的因素,即所谓"关键变量"。发现并正确地解释认识过程中遇到的关键变量,才能使认识过程沿着正确的轨道前进,最后得出正确的认识就有了保证。但如果错误地判断了某些"关键变量",就会一错再错,使错误认识"越看越像",最终误入歧途。

简而言之,在认识过程中,如果选错前提,又看错了变量,就会形成认知偏见。通俗地讲,选错前提叫作"主观主义",看错变量叫作"岔路失羊"。

(三)活的"建模":认知偏见的两个原理

人类通过建模认识事物,建模是认知途径,又是认知障碍。

认知偏见导致了认知障碍。那么，我们就来具体看看什么是认知偏见，看看它有什么特性。

第一，人们倾向于认知自己期望看到的东西。这也被叫作"认知偏见的第一原理"。建模会在人们的潜意识里形成预期。于是，人们在观察和认识事物时，会更多地接受与潜在预期一致的信息，并会不自觉地排斥与其矛盾的信息，或曲解与其相矛盾的信息。我把这称为一致性信息收集。我在长期的科研工作中，以及领导和主持科研活动中经常遇到这类情况。在学术界这样的人也很多，他们无论看到什么都认为是和自己的想法一致的，似乎看到的一切都在证明自己的正确。

第二，在调查研究中，即使遇到超越以往经验的新事物、新现象，也可能会被已有意象和观念所同化或忽略。这就是说，建模具有自主性，在以往经验基础上形成的建模会拒绝修正。对于普通人来说，既有的思维模型一旦建立就很难改变。这是"认知偏见的第二原理"。这个原理可以对应一个成语：疑人偷斧。

二　调查研究：克服认知偏见

人是通过建模来认识客观世界的，建模过程中往往会产生认知偏见和认知障碍。那怎么办呢？这就要靠调查研究。

社会科学研究为什么要搞调查研究？从认知规律上讲，调查研究就是要弥补人类认知模型的缺陷，即克服认知偏见。前面讲到过的庞涓的失败，从认知角度看，就是被以往经验基础上形成的"建模"所误。克服认知偏见是复杂的、持久性的实践问题。但从原理上讲，人们可以通过实际调查研究防范和克服可能出现的认知偏见。根据我们的经验，可以从三个方面着手克服自己的认知偏见。

（一）区分"所知"与"所信"

克服认知偏见首先要有自觉性，对建模以及预期保持警惕。

这意味着，科学工作者要尽可能区分自己认识与思维中的"所知"和"所信"。一事当前，首先要询问自己的是：这是"所知"还是"所信"？即确认自己所接收到的、拥有的信息是比较客观的、可靠的、没有经过主观筛选和加工过的信息，还是受到自己固有信念或观念影响和"加工"过的信息。怎样区别这两类信息呢？主要是要对那些比较符合自己观念的信息保持警惕，看到符合自己心意的信息，先不要高兴，反倒要多想想，质疑一下、反驳一下。这样有利于保持认知的客观性。

建立起"所知"与"所信"意识，是社会科学工作者必须具备和必须不断强化的基本素质。我们在做科研课题时，要经常提醒自己、"清空"自己，使自己保持客观、中立的立场和态度。科学家在做科学研究的时候，在做调查研究的时候，不能有立场，不能有主张，只能看客观事实，并随时准备修正和改变自己的观点。否则你就不是科学家，而是哲学家，或者是个传教士。

（二）认清"支点"与"驱动"因素

这是克服认知偏见的"奥卡姆剃刀"。认知偏见有两方面：一是，认知的前提性假设，即所谓"支点"错误。二是，推动分析推理的关键变量，即所谓"驱动"因素错误。因此，社会科学工作者在观察思考和调查研究中，首先要认清自身认识（建模）中的前提性假设和关键变量，时刻提醒自己：所有结论的正确与否都是建立在这些假设和变量的真实性和可靠性上面的。对于调研过程中获得的"支点"和进程中获得的"驱动"因素，一定要有所怀疑、辩驳，进行反复的检查，以确保其真实性和可靠性。

实际上，许多错误是错在前提与假设以及驱动因素上。错误的前提和错误的驱动得出的结果只能是错误的。要想克服认知偏见，就要格外注意认知的假设是否真实可靠，关键变量的选择是否得当。前提和假设必须得到证明，每一步推理应有证据。这就是人们常说的：结论是否"看上去不错"这并不重要，重要的是

"让我看看你的证据"。

（三）反复质疑和验证

在认识过程中，人们的主要注意力往往投入固定的逻辑思维中，进而形成排斥性的思维。在调研过程中，会不自觉地忽略，甚至排斥不利于推导出既定结论的事实。许多人在犯错误后仍然不能了解错在了哪里。其实，他们一直在排斥"不利"的因素，一直在排斥本来应该看到的东西。在调研过程中，一定要特别注意那些可能会导致推翻认识结论的那些"不利"的事实，要特别注意那些反例。

为了保证调查研究的客观准确性，要特别重视团队内部的不同意见。研究团队中要有正方和反方，重大研究课题应采用"魔鬼代言人"法，委托专人反驳、质疑研究团队的主流意见，挑毛病、找麻烦。总之，要敢于怀疑自己，对主流意见做"不可行性"研究。我们在越南做调研时了解到，越南党和政府的重要政策制定和国会法律制定过程中，有一种"反辩"机制，专门针对重要决策和法律进行质疑和批判，以保证决策的科学性。这种机制化的民主决策和科学决策值得关注和借鉴。

三　社会科学的局限性：普适性与主观性问题

为什么社会科学需要调查研究，除了上述认识论意义上的理由外，还有进一步的社会科学方法论意义上的理由。

"没有调查研究就没有发言权"，这句话在社会科学研究中具有重要意义。调查研究就是要了解实际的情况，获取第一手的材料。通过发现事实、重现现场、复现过程，了解事实的全貌与真相，为科学研究提供可分析的基本素材。这是调查研究之于社会科学研究的首要价值。

但是，调查研究的重要性还不仅仅在于"发现事实、获取事实"。社会科学要做调查研究，在方法论方面还有一个重要原因是社会科学理论和方法的局限性，而这种局限性决定了调查研究在社会科学研究中的特殊意义和重要性。

自然科学与社会科学在理论和方法上有很多区别，其中一个重要区别是，自然科学的理论和方法大多可以直接运用于科学研究与实验，而无需研究者、运用者再次进行验证。比如，阿基米德定律、勾股定理、圆周率等是人们做研究时的通用理论，这些公理是无需反复验证的。但是社会科学中很多理论和方法，却是不能够直接运用的，或者说直接运用的风险很大。

与自然科学相比较，社会科学在理论和方法上的局限性主要表现在社会科学适用范围的局限性、社会科学理论与方法的主观性以及社会科学理论与方法创新需求三个方面。

（一）社会科学适用范围的局限性

社会科学的理论和方法来自社会实践。社会实践具有时代性、地域性和时效性等特点。任何一种理论都有定义域问题，也就是真理的相对性问题。我们现在从书本上学习和了解的理论，或许历经了几十年甚至几百年的时间，仍然能够出现在教科书或其他著作中，被大家看到。这说明这些理论是具有一定价值的，其中应当包含着某些真理成分。但是这种价值一定与它产生的条件、背景和时代相联系。它是针对特定时代的特定问题而产生的，也就是说它的价值及真理性会受到某种限制。受到时代与对象限制的社会科学理论的普适性要比自然科学小得多。所以，社会科学工作者应当记住，社会科学理论与方法会因其时代性、地域性和时效性等因素限制了适用范围和适应程度。社会科学工作者在运用社会科学理论与方法时，应持十分谨慎的态度。

对于社会科学学者特别是政治学学者而言，在方法论意义上，首先要做的一项工作就是：要把自己由学习间接经验与理论在头脑中形成的观念世界，变成一个经验世界。对既有理论的学习有助于我们掌握前人的研究成果，但同时也会在学习者头脑里构建一个观念的世界。只有用一个自己亲身获得的实际经验去和已有知识进行契合、验证，了解它是相对于什么问题而产生、在什么范围内有效，认识其适用范围的局限性，才能真正掌握、运用乃至支配社会科学的已有理论知识。调查研究则为社会理论与方法的检验与验证，提供了基本方法。

（二）社会科学理论与方法的主观性

与自然科学不同，社会科学理论包含了科学性与价值性双重因素，它是科学性和价值性的统一。这意味着包括政治学在内的社会科学的各种学科的理论和方法都会蕴含主观性。它会受到理论和方法提出者的价值观和目的性的影响。这种主观意图是非科学的因素。

比如，西方经济学中的产权理论。产权理论源于对一些经济现象之间的因果关系的观察，有其科学合理的成分，如排他性产权安排、租值耗散等概念都是有价值的经济学理论观点。这些理论观点与对英国牧场、阿根廷牧场等公共资源浪费情况的观察结果有关，后又被大量社会实践所证明。因此具有一定的科学性、合理性。但是，产权理论又有强烈的主观性。它在一定程度上是针对社会主义公有制经济体制实践而来的，在"冷战"年代它甚至成为西方攻击社会主义制度的一种理论武器。因此在学习西方经济学的时候，人们必须熟悉和了解那些理论提出的背景和运用范围，在学习和掌握其合理成分的同时，更要注意分辨它的主观性。经过这样的辨识，才能对西方的社会科学做到取其所长、去粗取精、去伪存真，才能做到为我所用，而避免为其意识形态局限性所限制，甚至被其圈定。

（三）社会科学理论与方法创新需求

当代中国政治学要大力倡导调查研究、大量采用田野调查方法，还有一个重要理由，就是社会科学需要方法创新。

身处大变革、大发展时代，面对层出不穷的新问题、新现象，要不断开拓新的研究领域,要不断对理论和方法进行创新。如同自然科学需要做大量的实验,除了要直接解决某些科学问题、制造出新产品以外,还有一个重要方面就是创新研究方法。科学发展,总是伴随着方法的发展和提升。创新方法也同样来源于实践,来源于调查研究。基于实践的方法创新是科学与学术发展的动力源泉。

以当代科学技术中微电子领域的大规模集成电路——芯片的设计和制造为例。当前,芯片对我们国家的科技与生产领域来说是一个"卡脖子"的短板。而国外微电子领域及芯片制造的领先地位很大程度上源于芯片制造中的关键工具——光刻机及相关技术。已经发展到纳米级别的光刻技术的创新带来了微电子技术突破,现在微电子技术水平很大程度上取决于其产品的制作方法上的提高与突破。这是一个通过方法手段创新推进科学技术创新的范例。

社会科学发展也是如此。面对新问题、新现象,社会科学尤其是政治学要发挥作用,解决重大实践问题,也要通过调查研究不断改进和创新研究方法,需要运用新的方法提升社会科学尤其是政治学的研究水平。

社会科学尤其是政治学学术研究中,调查研究是第一课。调查研究是推进社会科学学术研究和学科建设的必经之路。

第二节 现场观察法

现场观察法是社会科学尤其是政治学调查研究的三种基本方法中最重要、最常见的一种方法。其他两种方法是:比较研究法和典型调查法。

叔本华曾说:"一种纯粹靠读书学来的真理,与我们的关系,就像假肢、假牙、蜡鼻子或人工植皮。而由独立思考获得的真理就如我们天生的四肢：只有它们才属于我们。"现在学术界大部分人做研究、写文章是"拿来主义"的，说得坦率一些，是从别人那儿拿来的"假牙"。在我看来，只有经过自己的现场观察、实地调研取得的成果，才是科学研究的基础，才能够甄别以往的理论以及他人的观点。否则的话，只能是个"看山是山，看水是水"的知识传播者。

一　为什么要去现场：排除镜像思维、辨识前台后台

现场观察法，也可以称为政治学的"田野调查"。这个概念来自人类学。人类学给田野调查的解释，是到达现场的一种直接观察，即研究者在事件发生的现场进行实地观察和调研的方法。日本学界称为"现场主义"，因此，在政治学领域，我愿意称田野调查为现场观察。

那么，政治学研究中为什么要特别强调做现场观察？

(一) 一般意义：避免镜像思维先验性干扰

去现场做观察与调查，首要价值就是有利于排除先验性、主观性的干扰，即克服认知心理学上讲的认知偏见。我们结合实例具体讲一讲，认知偏见是如何干扰和误导人们的正确认识的，以及在科学研究中如何避免落入认知偏见的窠臼。

镜像思维（Mirror-Imaging）是由以小理查德·J.霍耶尔（Richards J. Heuer Jr.）为代表的美国情报学家们提出的一个重要的认知心理学概念。在前面第二讲中，在讲政治语汇的认识理解问题时曾涉及这个问题，这里再做进一步的展开。

镜像思维概念源于1950年朝鲜战争中美国中央情报局（CIA）的一次重大情报误判。1950年朝鲜半岛风云突变，朝鲜军队进攻南方。美国为首的联合国军出兵干预，联合国军扭转了战局，最后把朝鲜军队赶到中朝边境的鸭绿江边。朝鲜半岛战事爆发后，特别是联合国军介入之后，中国政府一再表示支持朝鲜，警告美国一旦联合国军越过"三八线"，中国将出兵进行军事干预。这时美国中央情报局也了解到中国军队正在大规模向东北地区集结，尤其是中国人民解放军著名将领林彪所统帅的精锐部队正在从中国南方调回东北准备参战。中央情报局的情报确认，中国军队确有出兵朝鲜参战的迹象。1950年9月30日，即美军在朝鲜仁川登陆后的第15天，中国人民志愿军赴朝参战前的第19天，中央情报局提出了两份有关中共高层决策的自相矛盾的报告：一份确认中共高层已做出了出兵朝鲜的决策；一份认为中共高层放弃了支援朝鲜。

1950年10月18日，中国人民志愿军跨过鸭绿江赴朝参战的前一天，美国中央情报局提出了一份《CIA对涉及美国安全的世界局势的评论》的报告。[①] 这是自朝鲜战争爆发以来，中央情报局对苏联和中国是否会进行军事干涉问题提出的最为正式和最为重要的研究报告。在这份报告中，中央情报局对"中共干涉的可能性"做出了系统性否定。但几乎与此同时，中央情报局又接到了美国驻香港军事联络官准确的军事情报，该情报明确告知18日夜或此后两天内约40万中国军队将会入朝参战。[②]

在掌握大量中国军队调动集结准备入朝参战的正确情报，甚至准确获知了中国军队入朝参战具体时间的情况下，美中央情报局却做出了完全错误的判断和结论。究其原因，就是中央情报局后来总结的，主要在于情报分析错误，即对搜集掌握到的情报信息的意义做出了错误解读。是什么样的原因使世界上最强大的情报机构犯下如此严重的错误？美国情报界对此做出全面深入反思与研究，并上升到了理论层面。这就是后来美国情报学家们所揭

[①] 《美国对华情报解密档案（1948—1976）（柒）》，东方出版社2009年版，第65页。

[②] 《美国对华情报解密档案（1948—1976）（柒）》，东方出版社2009年版，第66页。

示的，在这个问题上中央情报局落入了"镜像思维"的认知陷阱。

今天我们重新研读1950年10月18日美国中央情报局的那份研究报告，可以清楚地看到当年美国中央情报局怎样因"镜像思维"犯下了其历史上最严重的错误。

第一，时机。当年美国在朝鲜半岛的最高军事指挥官是在第二次世界大战中战功赫赫的麦克阿瑟将军。麦克阿瑟及联合国军司令部认为，在朝鲜军将韩军和赶来救援的联合国军压缩在朝鲜半岛南端釜山一带，以及美军在仁川登陆时，是中国进行军事干预的最佳时机。而一旦错过这个时机，特别是美军仁川登陆后一举击溃了朝鲜军，这时"中国人的干涉原本可以扭转军事形势进而使共产党在朝鲜彻底获胜的机会不复存在"。在多份报告中，美方甚至声称，朝鲜半岛的战争已经结束了。这个观念从始至终顽固地影响着中央情报局的分析和判断。

第二，优势。当年美军及联合国军具有对中国军队的巨大战场优势。特别是在美军仁川登陆横扫朝鲜、完全占有了战略主动的情况下，没有空军的中国军队在理论上是无法与美军对抗的。美国总统杜鲁门曾当面询问麦克阿瑟中国出兵的可能性，麦克阿瑟对杜鲁门总统说："如果他们在最初一两个月进行干涉，那将具有决定性意义。现在我们不再担心他们的干涉了。我们不再畏首畏尾。他们没有空军。由于我们在朝鲜拥有空军基地，如果中国人试图南下到平壤，那对他们来说将是一场大规模屠杀。"美方坚信，没有空军支持的中国军队面对立足已稳的美军完全没有取胜的可能，所以得出了中国军队不会冒险参战的结论。

第三，"损害中国总体利益"。美国中央情报局全面系统地分析评估了刚刚成立的新中国。他们认为，中国共产党在新中国成立后的主要任务是巩固政权、恢复经济、解放台湾地区等，出兵朝鲜与百废待兴的中国的总体利益不符。报告中指出："中共十分清楚，至少在东西方之间没有爆发全面战争的情况下，和美国的战争将是灾难性的,不仅损害中国的总体利益,而且破坏其国内计划和北平政权的稳定。"①

上述三条认知是美国中央情报局研判情报以及中国动向的前提性、基础性的观念,即所谓认知"支点"。正是这些预设观念最终演化成了分析判断的"认知偏见","筒视"了其思维,由此美国中央情报局的分析师们眼睛里看到的再也没能超出基于上述判断的认知范围。表面上,他们似乎是在做客观的观察。但实际上他们仿佛站在了一面遮蔽了视线的镜子前面,他们看到的一切无非都是他们事先预设好的。这在后来被概括为镜像思维。

镜像思维设定的认知偏见是十分顽固和可怕的,即使是最智慧的人也会被废掉。具有戏剧性的离奇一幕发生在中国大规模出兵朝鲜参战之初。在中国军队进入朝鲜后,美军不断地俘虏中国军人,甚至搞清了中国入朝军队的番号。但是,在中国军队进入朝鲜并被美军俘获的事实面前,中情局居然仍不相信中国已经出兵,竟然怀疑起被俘军人的口供,并对在朝鲜境内抓获中国军人的事实,做出了符合自己"镜像思维"逻辑的解释。11月3日的中情局的一份情报摘要"中共干涉朝鲜的计划"中说:"这些迹象表明,他们决定在鸭绿江南岸建立一条'警戒线'。尽管我们尚不能排除这样一种可能性:中共在苏联的指示下不顾一切地干涉朝鲜,但是,他们的主要目标似乎就是确保'满洲'边境地区的安全,同时确保电力由至关重要的水丰发电厂继续输送至'满洲'的工业部门。"② 在前面讲到认知偏见时曾指出:超越以往经验的新事物、新现象即使被发现也可能会被已有意象和观念所同化。这是"认知偏见的第二原理"的一个典型案例。

---

① 《美国对华情报解密档案(1948—1976)(柒)》,东方出版社2009年版,第65页。

② 《美国对华情报解密档案(1948—1976)(柒)》,东方出版社2009年版,第78页。

后来美国情报学家大卫·杰里迈亚（David Jeramiah）在总结这次中央情报局犯下的严重误判时说：镜像思维是一种"所有人都像我们这么想"的思维模式。①美国中央情报局采取了最典型的"替人着想"的思维模式，他们居然替中共高层决策者考虑，认为出兵朝鲜不符合中国利益！这是典型的以己之心揣度他人。

从认知心理的角度讲，镜像思维是一种"思维模型"（mental model）或"思维模式"（mindset）。如前所述，人们在观察认识事物的时候，不是单纯地客观记录和发现事实，而是一种主观建构。所谓"建构"，就是人们倾向于依据自己以往经验或既有意识形成的知识与预期推断认知对象。这个貌似新鲜的认识过程，实际上一直被既有的、潜在的、内置的认识模式所支配。霍耶尔指出，这种表面上是在观察外在的客观事物，而实际上看到的不过是已被植于自己头脑中一面镜子的投影而已。

霍耶尔进一步指出，镜像思维是人们认知中的普遍现象、规律性的现象，人们倾向于看到自己期望看到的东西。按大卫·杰里迈亚所归纳的，镜像思维是认识者会倾向于认为"所有人都像我们这么想"的思维模式。

镜像思维是一种有害的认识方式，它会从一开始就误导观察者、研究者。美国中央情报局的情报学家们发现，重大情报失误通常是由分析失误，而不是由于收集情报失误造成的。摒弃镜像思维，尽量排除镜像思维对认知的干扰，首先是要求观察者、研究者充分认识自己，注意反思和发现自己头脑中预先设置的经验和偏好，要在观察研究工作开始的时候"排空自己"。其次，要敢于和善于反思和自我批判，不断质疑或否定自己的既有主张和认识，保证观察研究者的价值中立和思想开放。镜像思维的认知陷阱及规避方式的发现是美国情报界对当代社会科学方法论的重要

---

① Jim Wolf, "CIA Inquest Finds US Missed India' Mindset", UPI wire service June3, 1998.

贡献，尤其在当代政治学方法的进步中具有划时代意义。

政治学乃至社会科学中的错误认知许多就是来源于镜像思维。在学术研究中，人们常说"大胆假设、小心求证"。但须知"大胆假设"也是有前提的，这个前提就是要看假设问题是怎样产生的。如果问题就是从研究者自己的大脑中产生的，那么再大胆假设其实也没有跳出自己的头脑，再小心地求证也只能是由起点就规定了终点。这种情况就是"为什么我们看不到我们应该看到的东西"，也就是我国古代改革家商鞅所言的"学者溺于所闻"。

（二）特殊价值：辨识"前台"与"后台"

政治学为什么一定要做现场调查，还源于政治学这门学科的特殊性。

政治系统是政治科学的研究对象。政治系统号称"黑箱"，其运作有公开和隐蔽两个领域。我把政治系统运作的这两个领域称为"前台"与"后台"。"前台"是政治系统运作的公开部分，"后台"是政治系统运作的隐蔽部分。在通常情况下，政治系统只是"前台"具有可观察性，而后台则是无法观察的。了解政治系统的全面情况，既要了解到政治系统的前台，也要了解其"后台"。而了解"后台"就需要有一个研究的"窗口"，需要特殊的观察条件，即政治系统"后台"运作的隐蔽部分出现了一定程度的显化，这时的政治系统便具有全面的可观察性。比如，在一个政治系统中的权力交接时刻，其内部矛盾会全面上升，并在一定程度上演化为外部可见的公开斗争与博弈，从而使政治系统内部矛盾与问题得到公开展现，使外界可以观察到政治系统内部，即"后台"的情况。政治权力交接时刻就是一个观察政治系统的重要"窗口"期。

中国社会科学院政治学研究所常年研究美国大选，虽然这似乎是属于美国研究所专业范围的课题。政治学学者研究美国大选是从政治学角度，是利用具有高度可研性的大选这一重要"窗口"

期，研究美国这一世界上最重要的资本主义国家的深层政治形态。在大选期间，美国各种政治力量纷纷登场，形成了一次次"政治大会演"。这一时刻，美国的各种问题、各种矛盾、各种诉求会得到比较充分的展示。这一时刻，平常难以观察的"黑箱"好似打开了一扇窗户。透过大选，研究者可以直接观察到美国政治系统内部各种利益集团、各种政治势力的结构、关系和真实主张。美国大选是难得的政治学现场观察的标本，具有重要性、规范性、可研性和成本低廉等特点。

"前台"和"后台"的区别，也会显示出"事实"和"文本"的差别。政治学是社会科学诸学科中"事实"和"文本"之间差距最大的一个学科。如前所述，政治学学者的基本功之一，就是能够看懂政治语汇的"笔下意"，听懂"话外音"，并且具备实现政治语汇、学术语汇和生活语汇相互转换的能力。文史档案、政策文件等可以为我们的研究提供素材，但是只有身处政治实践之中，具有大量实际调研经验，才能帮助我们了解文史档案表意背后的隐意。政治学学者必须具有观照政治现实的能力，才能真正了解和理解那些文史档案、政策文件的实际含义。中央的文件精神需要在基层中去观察和体悟。只有在现场，才能看到"文本"背后更多的"事实"。

每年春天北京开"两会"的时候，也是我们经常外出调研的时候。我们常说：别人在会场开"两会"，我们在现场开"两会"；别人在中央报纸上读"两会"，我们在中国大地上读"两会"。

二 现场有什么：魔鬼在细节、现场有神灵

现场观察法，为什么强调一定要去现场？现场究竟有什么？答案很简单：线索在现场，路径在现场，这是现场观察法的核心要义。

我们认识问题是从表象到真相，从感性到理性。研究者必须

首先抓住表象，才能透过表象，"顺藤摸瓜"发现其背后的真相。如何抓住表象和线索？怎样"顺藤摸瓜"？我们将现场观察的价值概括为两句话："魔鬼在细节""现场有神灵"。

（一）魔鬼在细节

在方法论层面，政治学和刑侦学、情报学是相邻学科。政治学做调查研究的现场观察法与刑侦学的现场勘察，在原理和方法上几乎是一样的。刑事侦查要从现场勘察开始，从现场的证据细节入手进行调查。既然是要从细节入手，那就一定要去现场，原因很简单，因为现场的细节最多。

细节是引导认识的起点。这就是所谓"魔鬼在细节"的含义，也即成语见微知著。见微知著的理论依据是：现象大于本质。观察研究的目的是发现真相，而事物的真相往往掩藏于表象的下面，发现真相必须经过表象，即通过表象分析揭示产生表象的原因，找到事物内部不同因素之间的联系，特别是其中的因果关系。任何事物都是前一个相关事物的结果，同时又可能是下一个事物的原因。所以，对一个事物的观察和认识要从某一细节开始，然后根据经验找出细节或现象背后可能代表或反映的问题与情况。如同中医诊断方法："望闻问切"。

"细节"的字面含义是：细致的情节。如果不去现场，那么调研实际上就是间接的，即通过其他人的记述、通过二手材料了解情况，这样你的调研就要受制于人。现场观察是研究者的直接观察，负责任且有水平的研究者决不会依靠别人的观察。在调研现场会有大量的细节以及被其他人有意无意忽略的细节，怎么可能不亲自到现场而依靠别人呢？！一般来说，对细节了解的越多，发现有价值线索的概率就越大。

2003年以后，中国社会科学院政治学研究所承接了多个研究我国社会稳定、政治安全的课题。为此，我连续调查了多起发生于不同地区的群体性事件。2004年春天，我赴四川汉源调查曾轰动一时的"瀑布沟水电站事件"。这起事件当时在全国十分出名，我出发之前就做了大量的案头研究。从案头研究的情况看，似乎这起群体性事件的来龙去脉已经很清楚了。但我真正到现场后才发现，实际上这起事件还是相当复杂的。从表面上，这起群体性事件是因为水电站工程拆迁引发了当地群众因动迁补偿费用产生的矛盾与冲突。但到当地后才了解到事件的规模相当大，矛盾非常复杂。

一天我从水库工地乘车去汉源县城，才知道原来两地相隔甚远，足足有50公里。那天我们驱车行进在沿大渡河蜿蜒前行窄窄的公路上，我忽然意识到一个问题。此前，我了解到在事件发生时，曾一度有三万多民众从汉源县城聚集到水库工地，又忽然在半天之内全部撤走。我们计算了一下，要在本地路况条件下，在几小时内运输数万人员到50公里之外的水库工地，至少需要一两百台大型车辆。这说明，看似群众自发行动，实际上具有高度的组织性、计划性。从这一细节出发，我们顺藤摸瓜，彻底搞清了这次事件的组织结构和前因后果。

后来经过进一步的研究，我们发现：在这起大规模的群体性事件中，站在事件最前面的是要求补偿损失的群众，而群众背后是当地以工程牟利的矿山企业主群体，在企业主背后是持有企业股份或企业实际控制人的党政干部。正是这个"三层结构"导致了严重的群体性事件。由"三层结构"入手，我们进一步认识到了基层党政机关和"官商共同体"等深层问题。此后，我们写出的关于"官商共同体"的研究报告得到了有关方面的高度重视。在学术上，这次调研对认识改革开放以来我国基层政权和基层社会结构以及基层政治权力结构的变迁起到了重要作用。

（二）现场有神灵

所谓"现场有神灵"意思是指在现场可以获得正确的调研方向。刑侦学强调现场观察，因为现场直觉能够引导侦查员找到正确侦查方向。刑事案件的现场勘察，除去要收集有可能帮助破案的证据外，还要确定进一步的侦查方向。刑事案件在理论上来说可以有众多的侦查方向，但实际上只有一个或极少数的侦查方向是正确的、可行的。如果选错了方向，下一步的侦查就会走进"死胡同"，就会使案件成为"冷案"。所以，刑事侦查非常依赖有经验的侦查员、刑警在现场根据经验形成判断，确定下一步侦查的方向。

政治科学一定程度上也是经验科学。与刑侦学一样，政治科学需要观察者、研究者根据自身的经验积累，在现场确定进一步调查与研究的方向与思路。

近十多年来，中国社会科学院政治学研究所在多个省市做基层选举的观察。有一次我们在东南沿海某省一市做村民委员会选举观察。在现场，我们发现当地选举竞争十分激烈，有很多在外地经商或者做其他工作的人士也赶回来参与选举。我们在这个滨海城市的乡镇街上居然看到了许多挂着北京、上海等地牌照的豪车，车的主人显然是那些常年在外——如北京、上海等大城市经商的老板们。在观察过程中，我们对已经工业化、城镇化了的地方村委会选举仍如此激烈颇为不解。在与一名镇干部聊天时，问起了此事，他无意间说了一句"村委会选举只是个前哨战"。此言立即引起我们课题组成员的注意，一番追问之下，我们了解到了这句话的潜台词——村委会选举是市人大选举的"前哨战"。这一发现启发了我们，课题组立即决定调整调查方案，将村委会选举观察改为市级人大代表选举观察。此后，我们在当地做了前后长达三个月的调研。事后，我们提交了一份反映我国经济发达地区基层选举情况的调查报告，这份报告对我国基层选举后来的政策调整产生了重要影响。

在历史上，现场感觉引导重大政治决策的案例并不少见。1945年8月30日，美国驻日占领军总司令麦克阿瑟率4000多名美军进驻日本本土。刚刚宣布投降不久的日本在本土还有大量军队没有解除武装，仅东京周边就有近30万人的军队。当时，日本军民对英美恨之入骨。普通日本人读报时，如果看到麦克阿瑟的照片就会用烟头烫他的脸。当天，麦克阿瑟一行从厚木空军基地乘车前往24公里以外的横滨。日军两个师团3万名全副武装的士兵沿途夹道迎接麦克阿瑟。当时麦克阿瑟的随行人员十分紧张，生怕发生意外。但麦克阿瑟看到日军士兵表现得十分恭敬，以迎接日本天皇的最高礼节对待美军。麦克阿瑟当场就意识到，充满仇恨的日本士兵对待美国占领军如此恭敬的原因只有一个，那就是当时日本人对日本天皇的崇拜与盲从。

麦克阿瑟被派往日本的使命是占领并改造日本。如何完成这一未曾经历的艰巨任务，美国官方及麦克阿瑟本人都心中无数。麦克阿瑟登陆日本后的现场经历让他意识到，要完成占领和改造任务，必须利用日本当时根深蒂固的崇拜天皇的政治文化。麦克阿瑟登陆日本第一天的现场感觉直接影响了后来美国占领与改造日本的政策与策略。

这是"现场有神灵"的一个著名案例。现场的直接观察和感受有可能在经验的作用下，把表象与真相、现象与本质直接联系起来，直觉把思维与认识直接引向正确方向，经过直觉而无须分析找到认识问题的正确路径。

概括起来说，政治学的田野调查核心要义是对作为研究对象的事实进行复现或现场重建，复现事实即研究对象的获取。事实发生现场的任何情节和元素都可能是事实的一部分。因此，必须到现场进行系统全面的观察与分析，以最大限度地、尽可能完整地复现、复原曾经发生过的事实。而如果不进行田野调查，即不到现场进行观察分析，则实际上是在利用他人观察记录做间接调查研究，因而必然要受到他人局限。

三　现场观察具体方法：定点与走读

在多年实践当中，中国社会科学院政治学研究所及我本人在大量的科研实践当中，逐步摸索形成了比较系统的政治学现场观察调研方法，主要有"定点观察法"和"走读观察法"。

（一）定点观察法

定点观察是政治学调查研究最基本、最常见的研究方法。一般是选择合适地点和时机，针对特定问题进行调查研究。

我们将定点观察的内容概括为"4个W"，即"What happen?""Why?""What's the meaning?""What's going on?"第一个"W"，是指发生了什么样的事实？现场观察首先要客观真实地复现曾经发生的事实；第二个"W"，是指为什么会发生这样的事实，这是基于已知事实提出溯源性的问题；第三个"W"，是揭示和解读发生事实的意义；第四个"W"，是预测事态未来发展的趋势。对某一特定问题的调查研究必须涵盖这四个方面的内容，四方面内容必须是完整的，缺一不可。

现场观察的第一步是发现事实，所谓发现事实就是要尽可能真实完整地复原过去事实发生的场景与过程。政治学研究对象绝大部分是过去已经发生的事实。《金刚经》里讲："如来所说三千大千世界，即非世界是名世界。"古希腊哲学家赫拉克利特说过："人不能两次踏进同一条河流。"时光流逝，我们研究的对象一经发生迅即成为过去。昨天发生的事实，到了今天就已经被观念化了。我们面前所谓的"事实"，只要被描述就成了被建构的观念。这是政治学学者必须懂得并铭记的道理。面对被观念化的事实，首先的一道工序就是尽量地复原，尽可能地去观念化，即通过现场复现去尽量接近事实的原生态。这个工作就是刑侦学上讲的"现场重建"。

怎样进行现场重建？我们的方法是"三个找对"，即"找对人""找对地点""找对时间"。这是现场观察要把握的三法则。

第一，找对人。

"找对人"是现场观察最主要的法则，是方法中的方法。

从事田野调查，研究者需要进行大量的对当事人的采访，以还原事情发展的过程及全貌。但在"还原"的过程中，一些"关键性"人物，可能对事实获取和认识起到决定性的作用。按我们的说法，"这个世界上没有秘密，只有你不知道的事情"。因此，现场观察也好，调查研究也罢，与其说是发现事实，不如说是寻找真正了解事实的人。我们把这样的"关键性"人物，称为"对的人"。西方政治学中，将其称为：Gate man，可译为：守门人。

世界上没有秘密，这意味着无论何事总有人知情，真理总有旁观者。民谚云：变戏法的不瞒打锣的。实践出真知，真理的旁观者就是那些具有实践经验和了解情况的人。中国古代有两大知名的水利工程：都江堰和南旺的分水枢纽工程。京杭大运河上的南旺分水工程引汶水入运河，通过一系列水闸提高水位，使漕船越过高海拔河段。元代著名的水利专家、曾经成功主持修建京杭大运河上游引水工程的郭守敬，在南旺分水枢纽建设上遭遇了失败，原因是他未能准确地定位运河"水脊"最高海拔点的位置。直到明代永乐年间久居汶上的布衣老人白英准确定位了千里大运河上的"水脊"，才使著名的南旺分水枢纽修建成功。白英就是那位 Gate man，找到白英是南旺水利工程成功的关键。在调研中，找对了人，问题就迎刃而解了。

我们对这种 Gate man 现象深有体验。通过大量调研实践，我们发现，那些最主要、最重要的信息，实际上是由极少的关键人物提供的。在我们众多的专题调研中，大约 80% 的关键信息是由极少数的一两个人提供的。这一重要发现也导致了我们调研方法的改变。我们每到一地首先是大量走访当事人以及相关机构和个人，而走访的主要目的实际上是去寻找和发现"对的人"。这是一个行之有效的调研方法。我们团队中许多年轻科研人员都掌握了这一方法。在调研过程中，经常会有年轻科研人员兴奋地对我讲：哎呀，这个就是那个"对的人"！一般来说，找到了"对的人"，完成调研任务就有了保障。

那么，这个"对的人"是什么人呢？怎么才能找到这个"对的人"呢？所谓"对的人"有三条标准：

一是，了解情况的人。这个人对相关事情、事实有所了解，特别是了解或掌握那些重要的、关键的信息。还是那句话：这个世界上没有秘密，只有你不知道的事情。世界上的任何事情，甚至那些所谓最隐秘的事情，总会有人知道。找到了这个人就找到了解决问题的密匙。

二是，立场、态度中立的人。仅仅了解情况还不行，一些当事人或利益攸关方人士也了解情况，甚至了解内幕，但因为他们身在其中，不能客观面对事实。这样的人不是对的人，他们会夹杂个人恩怨，会因主观因素而扭曲事实。所以，一定要找到那些既了解情况又超脱事外的人。在这方面，有件事情给了我很深的印象。在调查南充贿选案时，我们找了一个受到处分的干部。他是资深人士又涉事其中，对整个事态十分了解。我们考虑他是当事人，开始时不太重视对他的访谈。但经过接触，我们发现这个老同志十分坦诚，对自己的错误也有深刻反省。他给我们提供了大量的关键的信息，对我们的调查起到了关键的作用。

三是，愿意提供信息的人。根据我们的经验，其实在调研中找到"对的人"和"中立者"并不十分困难，最难的是找到既了解情况，又价值中立，而且还愿意告知真相的人。我们把这样的人称为"志愿者"。找到愿意提供信息的"志愿者"的关键是取得他们的信任。人人都有正义感，了解真相的人并非不愿意告知真相，而是需要取得他的信任。取得陌生人信任是困难的，但这恰恰是政治学学者、智库学者最需要具备的优良素质和能力。要成为一个合格的政治学学者就要有取得他人信任的素质和能力。

政治学学者怎样具备获取他人信任的能力？这需要长期的磨练和培养。在许多情况下，政治学研究者需要做长期的调查积累工作，建立长期合作的调研基地，通过多种渠道积累人脉。这是一项基础性的功课。在临时性或突发事件的调研中，需要在短时间内与被访谈者建立信任关系，这就需要政治学学者有足够的经验、阅历、情商和亲和力。获取他人信任的能力，既是一种天赋，也需要通过实践逐步培养。

"找对人"还有另一层含义，这就是调查者与被调查者的相互理解和默契，这也是保证观察、访谈效果的又一个重要条件。它包含两重含义，既包括被观察和被访谈者对观察者意图的理解，又包括观察者对被观察和被访谈者思想、态度、情绪和行为的把握和理解。我们在调研中非常重视与被调研、访谈对象的沟通，要尽量熟悉他们的观念和想法，熟悉他们的语言。同时，也要尽量让被调研、访谈对象了解我们的想法与意图。一旦在调研者和被调研者之间建立一定程度的理解与默契，就能够大大提高调查研究的质量，获得更好的效果。

那年亚洲政治发展比较研究课题组在菲律宾调研，其中访问菲律宾参议员霍纳桑的经历令人难忘。霍纳桑参议员是菲律宾赫赫有名的人物。当年的霍纳桑少校是菲军精锐伞兵部队的指挥官，也是由青年军官组成的"菲律宾武装力量改革运动"的领袖人物。1986年他追随恩里莱、拉莫斯发动第一次"人民力量运动"，率特种兵攻打总统府，驱逐马科斯，成为"人民力量运动"的功臣。那天我们在菲律宾参议院的办公室里见到已逾六旬的霍纳桑，他身姿挺拔，声音铿锵，眉宇间英武之气依稀可见。我们与霍纳桑的交谈非常坦诚，气氛热烈。显然我们的来访和所谈话题让霍纳桑很感兴趣，他的态度非常诚恳友好。时间过得很快，我们谈了近两个小时，参议院还有重要会议等他参加，但他似乎意犹未尽。

忽然霍纳桑提出要把他的个人档案册送给我们,他的助理听到后立即强烈表示反对,但在霍纳桑的坚持下,我们居然得到了霍纳桑参议员的个人档案册。

菲律宾政治家有制作个人档案册的习惯。这种档案册看上去像是一本精美画册,其中收录有各种记录、笔记、文件以及新闻照片、图片,等等,图文并茂,印制考究。霍纳桑档案册的题目叫作《在兄弟的旗帜下》,主要收集了他组织"菲律宾武装力量改革运动",参与推翻马科斯政权的第一次"人民力量运动",以及后来七次发动兵变的经历。《在兄弟的旗帜下》让我们大开眼界,甚至感到震惊。

霍纳桑个人档案册中有大量的原始资料,详细记载了1986年初推翻马科斯政权的经过,中间有大量原始笔记和信件披露了事实的全部过程。我们以前在教科书上了解到的"人民力量运动",是由菲律宾城市中产阶级发动的一场民主运动。但《在兄弟的旗帜下》中的详细资料、记录却显示了不一样的历史真相。原来是菲律宾军队及政界上层以恩里莱、拉莫斯为首的反对派不满于马科斯家族的长期独裁统治,秘密筹划发动的政变。《在兄弟的旗帜下》详细记录了当时恩里莱、拉莫斯所掌握的,由霍纳桑指挥的特种兵部队与马科斯总统卫队之间的力量对比情况。政变部队的骨干是霍纳桑指挥的菲律宾特种部队的一个空降营,这个精锐部队对付马科斯总统卫队尚有优势,但效忠于马科斯总统的大量陆军部队正从南部"镇压伊斯兰叛乱组织"的前线赶回首都增援。一旦陆军部队回援首都,政变必定失败。经过仔细的研究,政变集团方面认为,必须以快打慢,赶在马科斯大军赶回马尼拉之前,解决战斗。为了延缓前线部队回援速度,政变集团决定联系刚刚在总统选举中落败的阿基诺夫人和天主教大主教辛·海绵,请他们出面以马科斯大选舞弊为借口,发动马尼拉市民围堵回援部队的军车,为政变赢得时间。这个发现令我们震惊,原来菲律宾第一次"人民力量运动"与其说是城市中产阶级的民主运动，不如说是更接近一场军事政变。这件事给我们留下了极其深刻的印象，菲律宾调研成功，很大程度上是因为我们找到了霍纳桑这样的"对的人"。

第二，找对地点。

对某一类事物的观察与调查研究需要找到最合适、最恰当的观察、调研地点。这样的地点是相关事物与问题表露得最充分、最典型的地方。就像地质勘探，如果有矿床露头则容易取得勘探成果。

以农村政治学为例，农村政治学的重要观察研究地域是中国农村。但是中国农村幅员辽阔且差异极大。根据研究主题的不同，就要寻找"合适的农村"。现场观察，因观察地点而获得重大收获的典型事例，莫过于20世纪30年代费孝通先生在江苏吴江开弦弓村的观察与研究。

费孝通先生一生主要学术贡献有二：一是，关于中国社会人际关系的理论概括，即人们熟知的"差序格局"的相关概念及理论；二是，关于中国社会矛盾的理论，即"人地矛盾"是阻碍中国社会发展和贫困问题的根本原因。费孝通指出，中国传统农业社会停滞的主要原因是，严重人地矛盾导致劳动生产率下降及内卷化。而这一发现恰巧缘于他偶然因伤到江苏吴江开弦弓村的休养。当年苏州吴江的开弦弓村恰好位于中国农村人地矛盾最为突出地区的中心。费孝通在《江村经济》中记载，1935年开弦弓村人口密度达每平方英里1980人，当时人口密度已居全国前列的江苏省人口总密度为每平方英里896人，开弦弓村人口密度竟达江苏省人口总密度一倍以上。[1] 人地矛盾在当年的开弦弓村得到了突出的、表象化的表达，这使费孝通直观地发现了这一导致中国农村

---

[1] 费孝通：《江村经济》，北京大学出版社2012年版，第21—22页。

停滞的内在的机制性矛盾。

对于政治学研究而言，从调查中发现问题，明确研究主题，是调查研究工作得以成立的前提。具体到每一地、每一个部门，其问题可能具有特殊性，但观察与研究的本质是要在特殊性中发现普遍性及规律性，即发现事物生成、发展的逻辑、机制及因果关系。对于既定的调查主题，"找对地点"可能具有偶然性，但在更多情况下，则有赖于观察者对调查地点的反复甄别和筛选。调查地点是否具有典型性，这一典型性在研究对象中是否具有代表性，是首先需要关注和解决的问题。只有既有典型性又具代表性的调查地点，才能保证在把握特殊性的基础上，进一步探究事物发展的一般规律与逻辑，才能获得具有学理意义的研究成果。

第三，找对时间。

美国政治中有句谚语，"政治就是在适当时机扣动扳机"（The Politics is knowing when to pull the trigger）。政治科学是研究政治现象和发现政治规律的学问。政治科学的观察与研究，在不对的时间往往无法得到有价值的观察结果。

什么时候是"对的时间"？一般而言是政治事物正在发生的时刻，或者事物进程发展到关键节点的时刻。不同类型的事物有不同的"对的时间"。

一是，对于那些可预见事件而言，可以选择合适的时间进行事前、事中和事后三个时段的观察，保持对事物发展起因、过程和结果、后果的连续性观察，以获得对完整的因果链条和机制的认识。

二是，对于那些突发事件而言，一般只能进行事后的观察，而且要与事件适当地拉开时间距离，我们称之为：密纳发的猫头鹰傍晚起飞。过于接近事件的观察可能难以达到好的效果，一般要选择事件后续效果出现和敏感度下降的时机进行观察。

三是，跟踪观察。所谓"对的时间"不见得是一个时间点。

对于重要事件、重要事物应做长期的关注，这也是一个"对的时间"，即选择跟踪观察，以期了解相关事物长期发展演变的情况。通过长期观察，深入了解、认识相关事物的发生、发展及演变的规律性。我们常说：历史像一把折扇，其面貌是逐渐展开的，有时候时间距离越远，真相反而越清晰。

（二）走读观察法

走读观察法是现场观察的又一重要方法。所谓走读观察，即围绕同一主题对同一历史时期的不同地域进行连续性的观察与考察。这一观察方法对于当代中国的政治学学术研究具有特别意义。

中国是一个幅员辽阔、人口众多、地区间差异十分巨大的国家。中国区域间差距既有文化特质方面的差异，更有经济社会发展不同阶段、不同发展水平方面的差异；既有历史遗留、延续下来的差异，也有工业化、现代化发展中所出现和形成的新差别。这些巨大差异意味着，如果不对中国做连续的、全域性的观察，则很难对"整体中国"有一个准确认识。地区间差异意味着，我们所研究的有关整体中国的主题，在不同的地域一定会有不同表现。而连续观察区域间的不同表现，则可能形成关于中国整体发展的历时态、多形态的认知，可以展现我们所观察的事物从产生到发展逐步演进的完整过程。

2017年春天，我做了一次为期两个月，从北京至杭州，行程1600公里的徒步考察——"走读京杭大运河"。这次穿越中国腹地、横跨六大水系、途经六省市的长距离徒步考察，使我及考察团队对当今中国国情，对中国工业化、现代化进程中的城乡社会，对沿途人民有了更多更为深切的了解和体验。同时，也对政治学现场观察方法以及连续的社会观察有了更深的体验。

试举一例。作为中国学术界的常识，我们熟知中国的城乡之别是中国重要国情之一。处于工业化、现代化进程的中国，既有高度工业化的城市，也有停滞于农业社会的乡村。京杭大运河地处中国腹地，以种植业为主，基本处于18亿亩保护耕地带之内。1600公里的连续徒步考察，不仅使我们更加直观而深切地感知到中国城乡差别，而更大的发现在于，我们观察和体会到了工业化高度发展地区的乡村与工业化欠发达地区的乡村间的巨大差别。至少对于我们来说，这是一个新的发现，它补充和发展了我们原来只知道中国有城乡差别的认知。

2017年3月1日，我们从北京通州张家湾出发，沿京杭大运河一路向南进发。离开天津静海京杭大运河南运河终点附近的著名的九宣闸，就进入了北方的乡村地区，经过多天的走村过镇的徒步考察后，我们发现在广袤的华北大平原上，以种植业为主的农村地区的经济社会水平仍然停留在20世纪80年代末90年代初的水平上，其经济活动、日常生活中的货币化、商品化程度之低，出乎我们的想象。沿途一千里走下来，除去大田粮食种植外，蔬菜等经济作物种植和养殖业极其少见。还有一个表现是，千里农业区中，村中无餐厅，乡镇无旅馆。我们将这一区域称为"半商品经济社会"。令我们惊喜的是，继续的行走，使我们发现了一条中国南北工业化地区乡村与工业化欠发达地区乡村间的分界线！

那天我们从苏北淮安启程，沿京杭运河向宝应进发。宝应属扬州，与北面的淮安接壤。淮安与扬州两地以运河支流上的一座桥闸——运西闸为界。当我们走过运西闸，进入南面一个叫"春光村"的村庄，一时间景象大变。田野中、村庄里，与我们告别九宣闸后的一路景色全然不同。首先，田野里出现了大量的设施农业。并且那时正值春天，沿途看到黄灿灿的油菜花竞相绽放。但此前所见油菜花只在房前屋后，显然是农户自家种植换食用油用的。但在宝应田野里看到了万亩油菜田，这是专业化的经济作物种植。更有意思的是，我在春光村看到了辞别九宣闸后在运河沿线村庄里的第一家"农家乐"——"大兵餐厅"。这个村子里居然还有连排的多家超市，超市里出售江苏本地生产的品牌日用品和食品。我们终于看到了"绿茶"饮料，而不是一路上乡村中所见的"缘茶"，看到了"康师傅"方便面而不是"康食府"……在这里，我们分辨出了中国工业化区域里的不一样的"农村"。

从北京到杭州，我们的走读是一种连续性观察，它重构了我们的历史感、时空观，加深了我们对事物发展过程和内在机制的全面理解。相对于定点调查，它可以获得在空间上更为完整、在时间上更加连续的深刻认识。

党的十九大报告指出，"中国特色社会主义进入新时代，我国社会主要矛盾已经转化为人民日益增长的美好生活需要和不平衡不充分的发展之间的矛盾"。发展的不平衡和不充分，不仅仅表现在经济发展水平、物质生活方面，而是表现在经济社会生活的各个方面。这一判断是基于几十年来中国改革开放发展所取得的巨大变化做出的实事求是的判断。如何认识和理解党的十九大对新时代主要矛盾的判断，特别是如何理解党的十九大所说的"不平衡不充分"的表现内容，这不仅是一个思想认识问题，更是一个需要在实践中把握、认知和理解的问题。对这一问题的认识之道、破解之法，都需要建立在对实践有充分观察和深刻认识的基础之上，田野调查、现场观察是当今政治学研究中国与世界的不可或缺的重要方法。

第三节 比较研究法

比较研究是社会科学的重要研究方法。在政治学领域，由于研究对象的稀缺，就更加需要比较研究的方法。当前，中国政治学尤其应当大力提倡和推进比较政治学研究。

比较研究是在事物的普遍联系中深入认识事物的一种方法。无论是自然科学还是社会科学，比较研究方法都是被普遍采用的。以达尔文创立进化论为例。达尔文原是一位博物学家，1831年他登上贝格尔号军舰做了历时五年的环球航行和考察。达尔文一路上仔细地观察思考，随着阅历增加、见识积累，他越来越有能力观察不同物种的特征与差别。达尔文在南美洲见到了美洲鸵、企鹅和船鸭三种鸟类，他观察发现这三种鸟的共同特点是都有翅膀却不会飞。达尔文进而提出问题，他假设如果物种由上帝创造并永远不会改变的话，造物主为什么要创造这些用它们的翅膀当桨在水面划水的物种呢？诸如此类的问题还有很多很多，正是这些对自然现象的细致观察和分析比较，启动了达尔文头脑中科学思维、逻辑推理的按钮，最后终于形成"演化"的思想，于1859年出版了《物种起源》这部进化生物学历史上最著名的著作。

比较研究如同让人换了一副眼镜，世界会立即变得不一样了。实际上，它改变了你观察、认识世界的方式，它能大大提高你认识世界的广度和深度，它会大大提升你的认知和思维能力。

一　为什么要做比较研究：更多对象与启发

美国一位政治学学者说过，政治学很大程度上是在研究国家。然而，如果你只研究一个国家，那么实际上就等于没有研究国家。

（一）获取更多、更加全面的观察研究对象

研究对象的稀缺性，是政治学研究的一个重要特点。政治活动是由人类社会各个领域的矛盾与问题集中转化而来，因此政治活动广泛地存在于人类社会之中。而在政治现象无时不在、无处不在的表象背后的，是政治活动规模大、周期长、进程慢、重复率低的特性。在这个意义上，在政治领域可以供观察和研究的对象相对稀缺。与经济学、社会学等相邻学科相比较，政治学的研究对象就更显得缺乏了。为克服政治学研究对象稀缺的障碍，在观察法的基础上，还需要大量运用比较研究的方法。

比较研究的方法是从多个政治实体中选择对象进行观察和比较。比较研究可以在同一时空中增加政治学研究的对象，可以使研究者观察到不同发展阶段、不同国家、不同类型的政治现象。

比较研究在一定程度上可以解决政治学研究对象稀少的问题，同时通过比较研究可以获得更多和更为深入的认识成果。

政治活动是一种普遍化的公共事务，人们在生活中对此都有感受。在外交事务中经常会听到，希望某个问题得到"政治解决"，或者反过来说，这个问题不要"政治化"。正面反面都是"政治"，褒义贬义也都是"政治"，政治似乎是无处不在、无时不有的。但是如果作为一个专业的政治学研究者，你就会发现在政治无处不在、无处不有的表象背后，可以真正作为政治学专门观察和研究的对象相对来说是相当稀缺的。假如与经济学进行比较，经济学研究资本市场，研究股市，全世界的股市一般情况下一周五天都开市，重复性、规范性非常强。又如社会学研究社会组织、研究人，这些也都是常态化下的存在，这些研究对象还是比较容易获得的。

研究对象的稳定性是科学研究的基本条件。如果研究对象稀少，或者说研究对象需要创造，比如像高能物理学，这样的学科就比较困难。政治学就是这样研究对象相对比较稀缺的学科，因此我们说，政治活动的规模大、周期长、进程慢、重复率低的特性给政治学研究造成了困难。

每次美国大选都会在世界范围内引起关注。美国大选在当代世界政治制度当中，是最具有规范性和最为稳定的制度。美国从1789年举行第一次大选，到现在已经持续了230多年，共有59届政府产生。美国大选在230多年里从未中断，每次大选均按程序进行。虽然有个逐渐完善的过程，但美国选举制度总体上是十分稳定的。但即使如此，美国大选也只有4年一次，而且在多数情况下，争取连任的总统具有主场优势，大概率可以连任。而一旦出现连任，美国国家行政权力交接就要8年才有一次。这在一定程度上说明，在世界政治实践当中各种各类研究对象是相对稀缺的，这和人们的一般印象有所不同。

比较政治学研究是对政治学缺乏研究对象的一种救济。政治学可以通过比较研究的办法，获得更多的研究对象。我们在亚洲政治发展比较研究当中就有许多体验。我们到菲律宾实地调研后写成了考察报告《菲律宾———一座政治的博物馆》，其中就涉及比较研究获取研究对象问题。菲律宾的调研让我们获得了一个很特殊的发现和感悟，这就是政治发展中的历时态与共时态问题。

政治学研究以及比较政治研究中有时代问题、发展阶段性问题。当下中国正处于工业化阶段，西方发达国家正在从工业化时代向后工业化时代转变，还有一些国家，按照西方说法是还处于前现代向现代发展过渡的阶段，按照我们的说法是从农业社会向工业社会转化。从学术研究角度看，前现代向现代、后现代发展或农业社会向工业社会发展，是一个历时态的进程。而处于同一发展阶段国家的政治问题研究，则是共时态的问题。但菲律宾却很有意思，它有与其他同处相同发展阶段国家的共时态政治问题。除此之外，菲律宾还有自身政治发展中的历时态问题。

被我们称为"政治博物馆"的菲律宾，在经济、政治、社会发展状态上呈现出多维度的复杂情况。从政治体系结构的中层、底层视角观察菲律宾，即从菲律宾政治体系的权力结构和利益结构层面进行观察，以家族与地方势力为基础的权力结构和利益结构标志着菲律宾属于一个典型的"前现代国家"。但如果从菲律宾政治体系表层结构——宪政体制看，所谓宪政体制是指国家的宪法、法律和政治机构，菲律宾又是一个典型的资本主义现代国家。第二次世界大战后，菲律宾独立时完全照抄照搬美国政体，从宪法到国家体制效仿、复制美国。甚至独立后菲律宾的国庆日也定于7月4日，居然也要与美国一样。菲律宾宪法完全照搬照抄美国宪法，以美国政权体制为模板，按三权分立原则设置国家机构，其中立法机关完全按照美国众议院、参议院的建制设置。菲律宾政治体系的三层结构：宪政体制、权力结构和利益结构是不自洽、不匹配的。

再换个维度，从社会层面观察菲律宾。如果按西方标准，菲律宾又呈现出大量的所谓现代民主社会的特征，菲律宾具有庞大的、被西方标榜为社会进步标志的社会自治组织。按人口比例，菲律宾第三方社会组织数量甚至超过了美国。按西方标准，菲律宾是一个高度自治化的国家。菲律宾甚至还有许多所谓"后现代社会"的现象。后现代社会是在工业化基础上价值观发生改变的社会。后现代社会的价值观，从现代社会物质化价值观逐渐转向追求个性化高峰体验的价值观。个性化高峰体验是后现代社会一个最显著的精神标志，其典型表现是马拉松运动的普及。在菲律宾，你可以在马尼拉闻名于世的落日大道上，遇到曾在美国华盛顿国家公园、纽约中央公园以及英国伦敦泰晤士河畔见识过的那种长跑大军。这些都是所谓后现代要素。这样，同样在一个菲律宾，前现代、现代、后现代共处一个时间、一个空间。

我们为什么要进行比较政治研究？通过菲律宾的这个例子，可以使人明白比较研究可以让人获得受制于一个国家不能得到的、更多的研究对象。

（二）通过比较深化认识：学习与启发

有比较才有鉴别。分类法是科学研究最原始也是最基本的方法，政治学亦是如此。比较研究可以通过差异性认识自我。比较研究对认识深化的作用表现在两个方面：直接学习和获得启示。我们也将其通俗说成："拿来主义"与"照镜子"。

第一，拿来主义。

做比较政治研究，去国外调研，首先就是考察外国政治发展的经验教训，以供我们学习借鉴。在我们的研究中，日本可供学习借鉴的东西非常之多。可以说，日本是近代以来与中国交集最多的亚洲国家。当代中国的政治归根结底是工业化时代的政治。当代中国的政治学乃至社会科学的学术研究都不是抽象的，不是漫无目的的。邓小平说过，实现现代化是中国最大的政治。当下中国一切社会科学研究都是在中国工业化、现代化背景下进行的，都要密切联系中国的现代化——这个"最大的政治"。中国的工业化、现代化建设并不是孤立的，是在与世界、与周边国家的交集互动中进行的。以亚洲而论，在殖民时代第一个走上工业化道路的国家是日本。

日本是我们亚洲政治发展比较研究中一个重要的对象国。通过研究近代以来日本工业化进程中的政治发展并与中国进行比较，我们获得了许多新的知识。日本和中国在走上工业化道路方面有着相同的历史背景，那就是西方的殖民主义。中国在1840年遭遇了鸦片战争，被强行打开了国门。日本在1853年遇到了"黑船来袭"。美国佩里船长驾驶军舰造访日本，震动日本朝野。从那时起，中国和日本都感受到了千年未有之大变局。

第二次鸦片战争彻底打醒了中国，前所未有的危机使"强国"成了当时中国政治的主题词。1861年中国启动了最早的强国改良运动——洋务运动。1861年初，清政府提出了变革图新的纲领性文件《请设总理衙门等事酌拟章程六条折》。这个重要的文件居然事无巨细，章程六折中的第一条就是：设立一个新的行政办事机构专责处理外交事务。第五条为开办翻译机构，从各省选派聪慧少年到西方去学习语言，回来当翻译。中国洋务运动的核心内容有两个：一是行政体制改革，即设立专责机构；二是学习西方的技术，引进西方的工业，特别是引进近代军事工业。

日本开始工业化的努力比中国还晚了7年。1868年日本在外来压力下被迫开始实行变革——明治维新。当时日本与中国面对的问题是一样的，面临的困难也是一样的，两国都在寻找救亡图存的出路，寻找一种新的发展模式。日本提出的变革图新纲领是《五条誓文》，其中第一条是："广兴会议，万机决于公论，"与中国的洋务运动不同，日本明治维新涉及了思想与政治改革。《五条誓文》中最重要的一条是第四条："官武一途，以至庶民，各遂其志，务使人心不倦。"这条可谓石破天惊，它打破封闭社会的禁忌，要求调动人的积极性。按今天的语汇说，就是放松社会管制，实现社会流动与经济自由。我们在日本调研，讲到明治维新，日本人经常举例说，当时一个农妇可以从大阪徒步到江户做生意，没有什么障碍。日本自古以来的封建割据状态，被明治维新打破了。邓小平有名言，民主就是调动积极性。

以敌为师，向西方列强学习，是日本明治维新研究中最值得注意的问题。那个年代中国和日本都派出了重臣组团到欧美考察。中国有"五大臣出洋考察"，日本派出了著名的岩仓考察团。岩仓考察团穿着和服、踩着木屐、别着腰刀，这样一伙日本贵族、武士们跑到西方考察，居然能够认识到西方强盛的重要原因在于政治变革。而中国到了清末其认识依然停留于"中学为体，西学为用"。不仅如此，岩仓考察团竟然在对欧美的观察中发现了西方政体并非一个，而是两种模式：一个是英国的议会制，一个是德国的君主立宪制。岩仓考察团辨别出来西方世界的这两种政治体制的不同机制，以竞争性选举为基础的政治体制——议会制，是相对分散的政治体制。而君主立宪制，则是国家权力相对集中的政治体制。

日本人竟然在刚刚打开国门，在工业化尚未起步阶段，就辨认出这一点，就对西方政治体制、对西方发展道路形成了如此深刻的认识。明治维新初年，日本精英阶层在日本应选择什么样的发展模式问题上发生了激烈争论，一派是以大久保利通、伊藤博文等为代表的"国权派"。他们一方面主张学习德国，要求适度集中权力，也就是说集中政治权力，而另一方面则开放经济、社会权利。另一派是以大隈重信、福泽谕吉等为代表的"民权派"。他们主张走英国的道路，进行广泛的选举，获得政权合法性，促进社会自由发展。后来两派矛盾激化，导致了"明治十四年政变"，国权派获胜，驱逐了以大隈重信为首的民权派，结束了两派的争论，进行了道路选择。日本选择德国式的君主立宪的集权体制，结果推动了经济快速发展，终于初步实现了国家的工业化，使日本从一个封闭的农业社会转型为一个向外扩张的工业化社会。

通过日本调研和多国比较研究，我们发现日本明治维新之初发生的国权派与民权派的体制之争，许多发展中国家在工业化初期都曾遇到过，中国也一样。远的不说，即使到了改革开放初期，在中国思想界关于中国改革开放，关于工业化、现代化发展道路、发展模式的争论中，人们也能看到当年日本明治维新时两派争论的影子。这样的比较研究，就使我们得到了很多现实的、有用的知识。可以使我们从国际经验角度，加深对中国工业化、现代化发展道路的认识。在我们看来，有些先行一步的工业化国家的具体经验、做法有些可以直接学习、引入，有些则需要经过改造，要结合中国的实际，作为借鉴和参考。

第二，"照镜子"。

通过比较研究接受启迪，深化认识。这又是比较研究另一方面的重要价值。

在我们的比较研究中，这方面获得最深感受的是在印度的调研。大家都知道印度和中国是非常不一样的文明体，在经济、政治、社会、文化等各方面的差异都很大。这恐怕是所有去印度调研、做印度研究的中国学者的共同感受。总之，中印两国差异性太大了，几乎没有什么可比性。

举个例子，在国内许多舆论讲，印度公共卫生搞得如何好，甚至还实行全民免费医疗，等等。其实这在很大程度上是个误传，是一种误解。印度所谓的全民免费医疗是指他们的公立医院的治疗费用极低。印度人到公立医院看个普通病的花费，大约折合人民币几块钱，最多十几块钱。但问题是，印度经济远比中国落后，政府的财政远不能和中国相比，人口又多，各方面卫生条件也差。

印度怎么能够支付得起 10 多亿人口的公共卫生和医疗费用呢？其实，之所以产生这样的问题是因为不了解印度。

说到印度，首先一个问题就是，你说的是哪一个印度？在印度调研后，我们有一句话：印度犹如恒河沙数。意思是有像恒河里沙子那么多的印度。过去说到印度，都会提到它的种姓制度，一般说有四大种姓：婆罗门、刹帝利、吠舍和首陀罗，此外还有一个种姓外群体叫"贱民"，现在叫列表种姓。而实际上印度有 1 万多个种姓。印度是一个以职业分工为基础的等级化社会，即种姓社会。每一个种姓内部差异性很大，可细分为更多的种姓。更为重要的是，印度是一个极少流动的社会，我们称它为"平行线社会"。回到所谓"免费医疗"问题上，印度是一个宗教盛行的国家，印度社会的主体人群是印度教徒。而印度教徒更是一个笃信的群体，他们信神认命，大多数人平时不检查身体，有病去寺庙里祈祷。在这样一个"神的国度"里，当然不会有中国医院里那种人满为患的场景。

印度是多元的，印度是独特的。那么研究印度，将印度与中国做比较有什么意义呢？在印度调研时，我们访问位于孟买的印度中央银行。印度的中央银行在印度的经济首都孟买，它设在开始于 1925 年的亚洲第一个股票市场大厦的上层。那天印度中央银行的首席经济学家接待了我们。我们的会谈在大厦的顶楼，视野很开阔，有很大的落地窗，可以鸟瞰孟买市容。我们注意到在两点钟方向可以看到世界上非常著名的孟买贫民窟。前一天我们专门到贫民窟外围参观了一下。

座谈的时候，我们向首席经济学家提出了一个问题。我把问题提得非常委婉，我问：在工业化进程中，印度在文化上有什么特殊性？印度人确实很聪明，首席经济学家毫不迟疑地反问道：你指的是印度的贫民吧?！他指着窗外说，那里差不多住着两百多万赤贫人口。他接着说，尽管大家都把它看作印度的一大问题，但是你要换个角度看，这难道不是印度的优势吗？！在印度工业化进程中，仅孟买就有好几百万安于贫困、不仇官、不恨富、听天由命、逆来顺受的一个庞大社会群体。这不就是比较优势吗？！给一点钱、一点工资就可以干苦活。中国的工业化不也是依靠来自农村的廉价劳动力吗？！当然中国劳动力受教育程度高，心灵手巧。中国的工业化快速发展得益于此。

印度经济学家的话，忽然让我们意识到一个问题，那就是什么是贫富差距？！我们深受启发！经济学家的话以及印度教徒的信仰和孟买的贫民，让我们意识到贫富差距不仅仅是一个经济收入和生活样态的概念，其中更有主观因素。我们由此想到，所谓贫富差别概念里蕴藏着两个潜在含义：

第一，贫富差别的主观标准问题。什么是富裕？什么是贫穷？这是有主观标准的。在中国，大家的认识基本是一致的，有钱是富裕，没钱是贫穷，开"大奔"的是富人，开"奔奔"的是穷人。在中国，因为人们有共识，所以对贫富差别的前提不太注意。

第二，贫富差别是一个贬义的概念。为什么人们会提出贫富差别这个概念？提出这个概念是具有社会含义的，那就是贫富差别是一个不好的社会现象，是需要改变的社会问题。按邓小平的说法，社会主义就要消灭贫困，消除两极分化，实现共同富裕。

而从印度主体社会，即印度教的印度、恒河边的印度的价值观角度看，在一定程度上可以说，印度恰恰是一个没有贫富差别的国家。这是因为，在许多印度人或曰印度主体人群的观念里，是没有其他国家那种具有作为社会共识的贫富差别观念的。这也的确是印度的国情，甚至是未来实现印度式的工业化、现代化的一个基础性的条件。

这就是启发。贫富差别在中国与印度之间在观念上是不同的。至少在印度教徒的观念里，并不是以财富以及金钱多寡来衡量贫富的，许多印度人生活在"神国"境界里。如果一个一无所有的人并不认为自己穷,并且他也不认为腰缠万贯的人是富人,那贫富差别何来之有呢?!这种启发和体悟还可以帮助我们认识和深化我们对中国文化的理解。虽然印度和中国很不一样,但通过比较研究,就像照镜子一样,我们从印度文化中看到了存在于我们身上原来没有意识到的问题,由此扩展了我们的视野,帮助我们更好地理解世界、理解政治,也更好地理解中国。

二 比较研究方法:差异性与重复性原理

从多年来所做的大量比较政治发展研究的实践中,我们体会与认识到,比较研究方法的核心价值,在于从不同观察与研究对象之间的差异性和重复性中获得认识成果。通过辨析不同对象间的差异性发现研究的核心问题,通过归纳重复性的政治现象从中寻找规律性。我们将"在差异性中发现问题,在重复性中寻找规律"视为比较政治学的两个基本原理。

(一) 在差异性中发现问题

在比较政治研究中,关注研究对象间的差异性有助于发现隐蔽于现象背后的政治事物的特性与内在矛盾,以利于确定研究的基本方向与核心问题。

人们常说,搞科学研究要有问题意识。但殊不知这个所谓的"问题"本身就是问题!研究工作中对问题的认识往往不是前置性的,研究工作开始时确定的问题往往是笼统的。我将其称为"范围式问题"。在科研中,大量以"范围式问题"作为研究对象的课题往往是大而化之,不得要领的。

比如,我们经常看到有许多以"反腐倡廉"为主题的课题研究及论文成果,拉拉杂杂罗列出许多材料,林林总总讲了许多道理,但就是没有说到"点子"上,讲的基本上是尽人皆知的大道理。还有许多研究报告,将问题列出十几项,再讲出十大趋势,更让人不得要领。试想,罗列出十大趋势,穷尽大概率事件,有何实际意义呢?！这样的研究,说了等于没说。这种研究实际上是一种虚假的研究,是没有意义、没有价值、没有结果的研究。

为什么政治学研究中存在着大量的这种笼而统之、不着边际的所谓的研究？其中一个重要的原因就在于,这类所谓研究从立意和主题上就不具体、不明确,其结果必然是泛泛而谈。那么,怎样避免学术研究陷于空泛呢？首先需要解决的问题就是发现具体的问题,或者说,不是范围式的问题,不是泛泛而论,而是发现问题的"症结"所在。我们在研究工作中常常说,问题的"症结"才是问题！

而要找出研究对象的症结所在,往往是要通过比较,从相关事物的差异性中发现具体事物的特性及内在矛盾性,从而把握问题的"症结"。我们在有关苏联解体的研究中,对在差异性中发现问题这个命题深有体会。

1991年苏联解体,曾经盛极一时的苏联由盛转衰最后猝然崩塌。这是人类历史上一个很重要的值得深入研究的政治现象。关于苏联解体的原因,30年来学术界形成了三种比较流行的看法:一是,认为苏联经济没搞上去,特别是民生没有搞好;二是,认为苏联解体是因为腐败问题;三是,认为苏联解体源于上层精英的蜕变。这三种解释所涉及的现象与事实,在一定程度上在当年的苏联都是存在的。

但在我们看来,无论在经验还是事实层面,关于苏联解体的上述三种流行解释中任何一项都不是国家瓦解的充分必要条件。而得出这样的看法正是基于比较政治学研究。比较政治学原理告诉我们,不能孤立地、就事论事地认识苏联解体问题。苏联曾经存在的那些被认为是导致其解体的原因,在很大程度上在中国以及在其他许多国家都曾不同程度的存在,而且当年中国面临的问题要更甚于那时的苏联。但中国通过改革开放克服了巨大的困难,走出了一条成功的工业化、现代化发展道路。

通过对比开始于20世纪七八十年代的中苏两国改革，我们发现了二者的三项重大区别。一是，中国"向前看"，苏联"向后看"。当年中、苏两国都积累了大量社会问题与矛盾。在这时候，如果清算历史旧账，分清是是非非，必然挑起新的内斗。中国正确地认识和把握社会形势，把中国人民的目光引向经济建设，引向对美好幸福生活的向往和追求。而苏联很不幸地选择了"向后看"，试图以否定现行体制和否定前人的方法获得改革合法性，结果挑起了思想混乱和社会动荡，最终断送了国家。二是，中国改革坚持"两点论"，而苏联搞了"单向度"的改革。中国以辩证思维方式看待改革，既否定过去"左"倾路线，又坚持四项基本原则，并以此作为改革的逻辑起点。而苏联改革以否定历史为起点，搞无底线改革，使苏联走上了有去无回的"单行道"。三是，中国"摸着石头过河"，在改革开放的探索中强调实践第一，采取试错法逐步推进改革开放。而苏联改革事先人为地制定"一揽子计划"。面对复杂的社会问题，"一揽子计划"导致了系统性的、颠覆性的错误，一招失误，满盘皆输，最后连纠正的机会都没有。

我们从中、苏两国改革的差异性分析与对比中，发现了导致两国改革截然不同结果的原因。通过对不同研究对象之间差异性的观察与思考，引导研究者发现研究对象的特殊性，确认需要解决的具体矛盾与核心问题，从而使研究对象具体化，使认识深刻化。这就是比较研究的特殊功能和价值所在。

（二）在重复性中寻找规律

这是比较研究原理的另一层含义，即通过关注不同阶段、不同政体中反复出现的政治现象和政治关系，发现政治现象、政治事物之间的关联性，深入分析、认识政治事物之间的因果关系。政治学研究中的普通知识一般是对已经发生的政治现象的描述和解释，而政治学更大的价值在于对趋势的探讨和对未来的预见，即在一定程度上认识政治发展的规律。比较研究有助于政治科学发现和预见政治活动的发展演变趋势，有助于发现政治活动的规律性。

在亚洲政治发展比较研究中，我们发现过一种规律性的现象，我们称之为"拉莫斯现象"。西方学术界曾普遍认为20世纪80年代以来一些发展中国家出现了"第三波"民主化浪潮，一个个威权体制垮台并代之以"民主体制"。我们在国际比较研究中，也十分关注所谓的"第三波"民主化问题。在亚洲多国调查中，我们注意到了一个现象，即在一些亚洲国家的所谓威权体制瓦解后，国家政权并未如人们想象的那样理所当然地为"民主派"所掌握。实际情况是亚洲多国的独裁政权垮台后，脱掉军装的军人经过选举重新掌握了政权。换言之，民主化的果实往往落入军人集团手中。这种现象在菲律宾民主化进程中十分典型地表现在军政强人拉莫斯将军身上，因此我们称其为"拉莫斯现象"。

"魔鬼在细节""现场有神灵"。我们发现"拉莫斯现象"也是从一些细节开始的。后来回忆起来，我们最开始注意到有关迹象是在印度尼西亚和泰国调研的时候。2010年初，我们课题组分别到印度尼西亚和泰国调研。一次在雅加达访问印度尼西亚（以下简称"印尼"）的一间高端智库，那天参加座谈的印尼学者很多，有二三十位。在座谈时，我们注意到在场一多半学者西装衣领上别着一枚很精致的领花。临别时，我们问起了这个领花。原来这枚精致的领花是军人身份的标识。这些身着便装的军人中间还有六七位是高级将官。我们在后来的调研中进一步了解到，虽然印尼已经实现了"民主转型"，按韩国的说法实行了"文民体制"。但军人集团依然在印尼的政权当中占据重要地位，在印尼经济、政治、文化各个领域扮演着重要角色。后来到泰国调研，我们也了解到虽然泰国早就实行了民主改革，实行"有领导的民主"，但实际上在泰国权力结构中军人集团依然是中坚力量。

2013年初，我们到菲律宾调研，这时我们已经走过了多个亚洲国家，比较研究视野开始形成。如果仅仅从政治体系表层结构——宪政体制上观察菲律宾，它是一个典型的西方式的民主国家。但随着调研与访谈的深入，特别是访问了菲律宾前总统拉莫斯将军，以及与菲律宾民主转型后七次发动兵变的"政变大王"霍纳桑参议员做深入访谈之后，我们意识到，菲律宾政治体系的宪政体制之下的权力结构中，菲律宾军方势力依然是具有实际掌控能力的重要力量。就是从这些不同国家中反复出现的相同现象中，我们概括出了"拉莫斯现象"。

三　比较政治研究的条件与能力

做比较政治研究，要有基础、有条件、有能力。只有具备了相应的基础、条件和能力才能有效地开展比较研究，特别是国际调研。在科研实践中，我们体验和总结出了三项最重要的条件和能力：语言能力、知识基础和人脉资源。

（一）语言能力

研究一个国家，比如日本，最好要有在日本学习、工作、生活的经历。美国海军舰长的任职条件之一，就是要在舰队驻在地区有过学习和工作经历。军队军官如此，专门进行学术研究的专业学者更应具备这种经历和能力。

在从事比较政治研究的条件和能力当中，语言是第一个必备条件。掌握研究对象国的语言不仅便于沟通，语言里还包含着许多关于这个国家历史、文化、社会以及人们的思维方式、表达习惯方面的知识。语言好，一方面有助于了解交往、沟通对象的表达，既了解其语言的表意，也有利于听懂对方表意下面的隐意与暗示。而这就需要更为高超的语言能力。另一方面，语言好还有助于调研者的表达，有助于被访谈对象的接受和理解。在实际调研中，能够让对方清晰、准确地把握和理解你的意思至关重要。在语言沟通中，确切地表达意思并让对方接受并不是一件容易的事情，往往要耗费大量的精力。每次访谈前，我们都要专门研究和准备如何介绍来访者的身份，如何清楚说明我们的来意，如何准确把握和表达对受访者的认知与评价，如何简明扼要提出问题等预先的功课。这其中语言的使用和分寸的把握，是影响访谈效果的首要因素，甚至直接决定调研的成败。

（二）知识基础

在比较研究以及国别研究中，研究者要有关于对象国的比较全面、系统、深入的知识。这是全部研究工作的基础。有关国别知识的全面性、系统性是最为重要的，只有具备全面而系统的知识，才能应对各种研究课题，适应不同研究任务的需要。而不是像过去那样只能从事那些"自选题"研究。在过去那种一般社会科学研究模式下，学者可以根据个人的兴趣爱好进行选题，从事研究。而今天已经不行了，做时代的学问，为国家和人民做学问，要满足现实的需要。这是智库研究的模式，而现在的倾向性问题是研究划分太细，知识过于狭窄。在支离破碎的知识基础上，建不起学术的高楼大厦。

从事比较研究以及国别研究的学者首先要做到专门化。关于国别知识的专门化，我们归纳出了四个词：前世今生，左邻右舍，形之上下，从头到脚。前世今生，就是要系统了解一个国家的历史进程，具有比较全面的关于一个国家的历史、文化、社会知识；左邻右舍，就是既要有政治方面的知识，也要有自然地理、经济社会、哲学思想等相关学科领域的知识，能够融会贯通地理解一个国家的意识形态和社会科学；形之上下，就是不仅要有关于一个国家的社会生活、政治实践的实体性知识，还要懂得这个国家形而上的政治话语、意识形态、政治正确，既能听懂社会话语、政治语汇的表意，还能听得出其表意之下的隐意，能够听得出话外音、看得懂笔下意；从头到脚，就是要了解一个国家从中央到地方、再到基层的各个层级的社会形态、政治生态。

（三）人脉资源

比较研究、国别研究的实践告诉我们，从事政治学、国际政治学研究最重要的条件、最主要的能力就是：人脉。调查研究的关键是"找对人"，"找对人"是调查研究方法中的方法。调研者的人脉资源，就是调查研究、比较研究的"矿藏"，是获取研究对象的基本手段。因此，拥有人脉资源是调研者的第一条件，是最重要的能力，是国别研究、比较研究特别是国际调研成效的决定因素。

当今中国日益发展、日益强大，中国学者去国外调研、访问得到了越来越多的重视。做比较研究的学者要特别注意利用当前这种有利局面，广结善缘，多交朋友，在国外大力开发研究工作的人脉资源。

我们亚洲政治发展比较研究团队中的一些成员，如许利平、周方冶、潘金娥、王萍、吴冰冰、郑振清等是国内中生代国际问题以及国别与地区研究专家中的佼佼者，他们最优秀的素质和条件就是他们的"人脉"，这是他们能够成为优秀专家的"本钱"，也是我们的调查研究能够取得成绩的重要保证。

在韩国调研期间，1987年"6·10运动"重要组织者金槿泰带领李南周等当年韩国学生运动四大领袖，在"6·10运动"指挥部圣公会教堂接受采访。那天他们师生触景生情，回忆当年，为我们讲述最后推翻军政权的学生运动和民众起义。在泰国，我们见到了前泰共政治局常委昭·蓬披齐特，他回顾了泰共的失败以及前泰共骨干转型融入当今泰国政坛的情况，而这在以前的泰国研究中是闻所未闻的，那天连在座的一些泰国政治家、前泰共的骨干都不曾知道那些详情。在日本，知名政治家樱田义孝众议员、加藤弘一众议员给我们讲日本的金钱政治、"料亭政治"，前首相村山富市先生讲日本的左翼政治、工会运动。在菲律宾，伊梅尔达·马科斯夫人、拉莫斯前总统、霍纳桑参议员给我们讲民主转型、老资格政治家、马尼拉市林雯洛市长讲菲律宾家族政治。在新加坡，资深报人、《白衣人》的作者梁荣锦给我们讲李光耀、讲人民行动党。在台湾地区，施明德、许信良为我们讲"美丽岛事件"，讲政党轮替、民主转型。对亚洲国家与地区的重要政治人物的访谈，对我们的比较政治研究起到重要作用。而这一切的前提是我们的研究团队在长期现场、现地的调查研究中积累起的广泛的人脉资源。

四 比较政治调研的访谈对象

还是那句话，调查研究的关键是"找对人"。调查研究的重要形式是寻找和确定访谈对象。下面就专门讲讲访谈对象问题。根据我们的实践经验，国别研究、比较研究中的访谈对象，主要是五类人：当事人、政治家、企业家、媒体人、专家学者。

（一）当事人

当事人是重要历史与现实事件的亲历者、参与者、目击者。他们曾经在重要历史与现实事件的现场，对事件进程和具体细节有着直接的了解与感受。访问当事人是搞清事实、复现现场的不可或缺、最为直接的调查手段。当事人作为亲历者，对历史和事件有着后人、局外人所没有的直接感受。这种来自历史情境中的感受，对研究者理解历史亦十分重要，往往具有启示作用。

当年我们到台湾地区调研，访问民主化运动的重要当事人施明德。在访谈中，我们谈到他组织的反对陈水扁贪腐的"红衫军"运动。施明德无意中讲到，他设在红衫军围攻"总统府"现场的指挥台是背向"总统府"的。我有些不解，问他为什么不是面对"总统府"？施明德随口答道：如果群众要冲进"总统府"抓陈水扁，就请从我施明德身上踩过去。我更不解了，问：为什么反而要阻止群众去揪斗陈水扁？他解释道：我们只是对陈水扁施加压力，但不能真的把他赶下台。他反问道：我们当然可以把陈水扁从"总统府"里揪出来，但问题是揪出来以后怎么办？施明德的考虑确实是当事人考虑的问题。从这一刻，我忽然意识到在中国台湾乃至西方民主政治表面对抗的形式下面，权力精英阶层实际上是有默契的。这真是应了那句政治谚语：Politics is a game（政治是个游戏）。那天，从施明德身上获得的那种感觉，给了我们莫大的启示。

如果从表面上看，或从西方各种政治教科书上看，西方民主政治中充满着竞争以及党同伐异。但通过对台湾地区以及有关亚洲国家和地区的调研，我们认识到，在民主与竞争的表象之下，资本主义国家政治当中不同党派、不同集团之间又有着大量的交易，大量的利益默契。从一定意义上，不同派别又是"一家人"。

（二）政治家

政治家是政治活动的主角，是贯通政治活动的前台与后台的角色。做政治学研究肯定要把政治家作为研究对象，这是毫无疑问的。以政治家作为研究对象、访谈对象，可以更直接、更准确、更深入地了解历史与现实政治活动的真实。但这又是十分困难的。

"到场"，是将政治家作为调研和访谈对象时首先需要解决的问题。必须想方设法克服政治家因身份地位以及政治上的禁忌、顾虑等因素带来的不便，才能如愿以偿。即使能够"到场"，"立场"问题又是研究、访谈政治家的一个障碍。政治家是政治实践的操作者，掌握着政治活动前台与后台的大量隐秘，必然有诸多的顾虑与不便。更重要的是，政治家是有坚定而鲜明立场的人，尤其在西方民主政治生态下，政治家是职业的政治宣传家、表演家。我们调研与访谈中也有不少失败与令人失望的案例，宝贵的访谈时间变成了聆听政治家宣传政见以及自我标榜的时间。

怎样将政治家变为我们优质的调研和访谈对象？根据我们的经验，应注意和做好以下几个方面的工作。

第一，利用好人脉资源，通过适当的介绍人做好联络与沟通工作，尽量使政治家认真对待来访者。一般来说，政治家会重视有分量的、适当的介绍人的意见的。比如，我们在菲律宾调研时，访问过一位菲律宾情报界资深的华裔老先生。他是一位传奇人物，曾做过埃斯特拉达总统的情报总监。老先生本来并不愿意接待我们，但经一位很有分量的人物介绍，他终于答应接待我们，并相当坦率地介绍了许多有关菲律宾民主转型的、鲜为人知的重要情况。

第二，认真做好访谈前的准备工作，充分细致地研究访谈对象，准确地说明访问来意，诚恳地表明态度，提出适合被访者身份的有价值的、有挑战性的、能引发被访者关注和兴趣的问题。总之，把握政治家注意力和引起重视的关键是展现来访者的分量，要让对方感觉到来访者是具有良好专业素质的研究者，要让对方感觉到来访者的问题是恰当而富有价值的，要让对方感觉到来访者态度诚恳认真并且不会给被访者带来不便，等等。

第三，注意做好访谈现场的引导。政治家的主体性强，一般会强烈主导和把控访谈的走向。访谈是访谈主客双方互动与共同建构的过程。因此，来访者不能完全陷于被动，不能完全跟随被访者。访谈者要注意抓住访谈中的契机，恰当而礼貌地通过追问或提出新的问题，来转移话题、转移注意力，引导访谈沿着调研主题、主线进行。

在菲律宾调研时，访问前总统拉莫斯将军对我们来说是一次难忘的经历。拉莫斯将军是一个了不起的人物，他有着传奇经历，是享誉国际的政治家。我们在他面前是十足的晚辈。那天他在一幢像俱乐部似的十分气派的大房子里接待我们。他介绍说，这是他在马尼拉开办的一间智库。在他和蔼亲切的外表下，我们能感受到他的矜持和居高临下。拉莫斯让我隔着他那宽大的办公桌坐下，问道：你到菲律宾来干吗？我答：来研究菲律宾政治。他莞尔一笑，连说：好，好！欢迎！这样吧，你来菲律宾跟我一年，然后我给你讲菲律宾政治。我们尴尬地笑了起来。他起身转过桌子，一把抓住我的手腕，拉起我参观他的智库。这幢房子布置了他的生平事业展览。拉莫斯给我们详细讲解，非常得意地炫耀他的高尔夫球爱好。我们耐心谦恭地听他讲述。终于他来到了与江泽民主席的大幅合影照片前面，他停住脚步，详细地介绍起他教江主席唱猫王名曲"Love me tender"（温柔爱我）的情形，拉莫斯高兴地唱了起来。我们当即听出了他的弦外之音，我意识到扭转话题的机会来了。我跟他一起唱了几句，我抓住机会说：我们江主席多才多艺，作为中国的主席他唱这首歌很有意义。I love you tender, you love me true（意思是：中国爱菲律宾要温柔，菲律宾爱中国要真诚）。听我这么说，拉莫斯态度出现了微妙变化，他又一把抓住我，把我拉回了办公室，重新坐下，认真地和我们交谈起来。那天的气氛简直好极了，坦诚深入。最后，拉莫斯问我，你看我戴的眼镜怎么样？我不解其意。他笑着摘下眼镜，用手指一捅，原来他戴的是个眼镜框。那是个道具，把他这个铁血将军装扮得斯文一些。我们一起哈哈大笑。

（三）企业家

与政治家同等重要的就是企业家。在东南亚调研时，时常会听到一句政治谚语："Politics is business, business is politics"（政治就是生意，生意就是政治）。列宁说过："政治是经济的集中表现。"社会的政治事物和经济事物是一体两面的，经济搞大了就是政治，政治搞深了就是经济。经济活动是政治活动的缘由和基础，不了解经济是搞不懂政治的。因此，比较政治研究的调研、访谈对象中企业家是必不可少的。我们在国内外的现场现地调研中，非常重视对企业家的访谈。

对企业家的访谈是深入了解政治事物、政治活动深层情况的重要手段。企业家相对于政治家比较超脱，对各种事物以及敏感问题的顾忌较少，更加坦率。大赦国际的清廉指数，也称廉洁程度感受指数,主要依据即各国企业家对政府及公务员廉洁度的感受。企业家对一个国家官员操守的感受,是这个国家腐败问题最准确、最可靠的衡量标准。我们的国内外调研非常重视对企业家的访谈,从他们那里可以获得大量在其他地方获取不到的信息,这些信息往往可以帮助我们了解社会政治现象、政治事物的背景和基础条件因素。

(四) 媒体人

还有一类很重要的调研访谈对象是媒体人。这个世界上原本没有政治。政治是各种社会问题、社会矛盾在各自领域中无法解决,最后集中转化成政治问题,在政治领域得到解决。政治不仅是经济的集中表现,也是各种社会问题、社会矛盾的集中表现。因此,要了解政治问题,就必须了解社会生活的方方面面,这样才能了解政治问题的缘由。而媒体人,特别是做社会新闻、做政治新闻的媒体人是做比较政治研究、做国别研究的重要对象,他们是社会与政治的桥梁,可以通过他们了解社会与政治。

我们在新加坡做调研时,专门拜访了梁荣锦先生。他是新加坡人民行动党领导阶层的政治传记《白衣人》的作者之一。《白衣人》至少在亚洲算得上是一部政治史的名著。李光耀先生曾评价说:"作者对于自 1950 年代以来发生的事件提供了全面的描述。"李光耀还指出:人们都说历史是由胜利者撰写的。但这部书聚集了所有的,包括反对人民行动党的人的观点。[①] 作者之一梁荣锦先生恰恰就是一个反对派。梁荣锦先生是一位左翼人士,甚至曾经受到过新加坡官方的迫害。但李光耀及人民行动党却选择了梁荣锦这样一位作者,并积极提供便利协助作者们的写作。在接受我们访谈时,梁先生告诉我们,李光耀总理本人曾多次接受他的采访,并很认可他们的工作。因为梁先生的左翼背景,《白衣人》中

---

① 叶添博、林耀辉、梁荣锦:《白衣人》,新加坡报业控股公司 2013 年版(中文版),第 ix、x 页,"前言"。

对新加坡的反对派、左翼人士、共产党员的采访都主要是由梁先生完成的。梁荣锦先生在新加坡做了一辈子的政治记者，他对新加坡政治如数家珍，前台的后台的、公开的隐蔽的事情，他都有广泛的了解。研究新加坡，研究新加坡人民行动党，他当然就是我们要找的一个重要人物。

媒体人特别是政治记者通常是一些神通广大的人物，他们的触角遍及社会的各个领域、各个阶层群体，是社会事务的"百事通"。与政治家相比，媒体人相对中立客观。媒体人是做比较政治研究、国别政治研究的不可缺少的研究对象。

（五）专家学者

国内许多同行在做比较政治研究时，在进行国际交流或调研时，十分重视与国外的学术界的专家学者交流。我们则不同。在国外调研及访谈，我们把学术界的专家学者同行排在最后。

在亚洲政治发展比较研究的调研中，特别是在我们走过五六个国家之后，我们团队有个感受，我们所调研的国家以及走访过的高校、研究所、智库中的教授、学者几乎千人一面。有一次在和某国际知名高校的学者们座谈后，我们当中的一个年轻学者脱口而出：他们怎么都像是念剧本呀?! 的确，这些年在国外走多了，见人见多了，确实看出一个有意思的现象，我们遇到的那些外国学者，无论黑的白的、高的矮的、胖的瘦的，他们操着各种语言谈论政治、谈论理论、谈论历史，但却大同小异，观点看法实在都差不多。同在一个国家，学术界的人与政界、商界、传媒界的人士对各类事物的看法和见解大相径庭。时间长了，我们慢慢琢磨出为什么会有这种现象，我们的看法是：学术界的老师和课本都是美国、西方的，同样的老师、同样的教科书，教出来的学生自然是差不多。这确实没有什么好奇怪的，只是感叹西方的话语体系和教育体系确实强大。

当然，尽管专家学者的视野、见识、观念有许多局限性，教

· 111 ·

条主义的东西多一些,但也并非一无是处。专家学者也有长处,关键是看我们在调研及访谈中如何扬长避短。根据我们的体会,我们向国外专家学者请教、学习的主要领域是在历史方面。我们在调研中,关于对象国的许多历史知识、社会知识、地理人文知识等,主要由国外的专家学者们提供。而这些知识作为比较研究以及国别研究的背景也是非常必要的。我本人印象特别深刻是2004年在德国的调研和2007年在日本的调研,这两次调研期间安排有多场高水平的历史文化讲座,一场听下来如沐春风,如饮甘霖。这些历史、社会、文化方面的知识,对我们的比较政治方面的研究也是大有裨益的。

五 比较研究团队的组织与组合

比较研究是关于认识对象的普遍性与特殊性结合意义上的学术研究。政治学的比较研究,既要认识研究对象的普遍性问题,又要识别出研究对象的特殊性。这种学科的特殊性就要求比较政治学研究团队要有合适的人员配置及合理的知识结构,既要有熟悉掌握政治学一般知识和方法的政治学学者,又要有熟悉掌握研究对象具体情况的国别专家。在研究过程中,政治学学者与国别专家这两支队伍要互相学习、相互配合,两者之间一定要产生"化学反应",从而形成一支知识全面又各有专长的研究队伍,这样才能较好地开展比较政治研究。比较政治学的研究团队的组织、组合以及培养训练,是开展比较政治研究的必备条件。

(一)比较政治研究的两支队伍

从目前中国政治学界的情况看,现在做比较政治研究、区域与国别研究的科研队伍的主体,是由做普通政治学研究的学者和研究国际问题的一些具有国别知识的专家这两方面的科研人员组成的。中国的比较政治研究方兴未艾,尚处于起步的阶段。现在国内政治学界还鲜有兼具理论与国别两方面优势的比较政治学者。

在比较政治研究的实践中,政治学学者与国别专家各有所长也各有所短。就普通政治学学者群体而论,他们的优势是,在掌握、运用政治学基础理论知识和一般研究方法方面基础较好。在实际研究工作中,具有较好发现问题、分析问题的能力,能够比较好地进行归纳与概括,能够抽象、提炼出一些理论性的观点。这种优点,一方面与普通政治学学者拥有较好理论基础和经过一些相关学术训练有关;另一方面也与他们不熟悉具体研究对象,具有新奇感和较高敏感性有关,也就是我们常说的"凉鼻子闻味儿"。但在实践中,普通政治学学者的劣势也是明显的,这就是他们缺乏具体国别知识,语言、人脉能力不足,总有"巧妇难为无米之炊"之感。

就国别专家群体而论,他们的优势是,了解研究对象国的历史、国情,对现实政治问题有较好的研究基础,更重要的是,他们当中有许多人具有很好的语言能力,有的还有广泛的人脉资源。但是,国别专家群体在比较研究中也普遍存在缺陷和短板,我们将其概括为:发现意义的能力不足。我们将政治科学研究概括为"四个W",比较政治研究以及现场调查,主要也是解决这四个层面的问题。但是,国别专家最主要的弱点就是对第三个"W",即意义的解读和提炼概括能力较差。我们团队中有的国别专家说,他们有一种"过熟感"。因为长期关注、研究一个国家,反而对这个国家的大量社会现象、政治现象、熟视无睹。

造成国别专家群体存在"过熟现象"的主要原因有两个:一是,受国别专家知识面的制约。长期局限于某个国家、某个地区的研究,缺乏比较的视野,影响了国别专家认识问题的广度和深度。没有差异性就没有敏锐性,因此许多国别专家反而是发现问题的能力比较差,不易形成独具特色的研究视角。二是,由于国别专家的理论基础相对薄弱,影响国别专家对研究问题的理论性概括,总是停留在现象和情况层面,而很少能够提出视角新颖、思想深刻的理论命题。

我们在国外调研时,有的对调研国家情况并不十分熟悉,甚至是第一次到访这个国家的学者,反而能够比较快地进入状态,发现和概括出这个国家政治制度、政治文化上的一些特性。而有些情况下,长期研究这个国家的国别专家却总显得似乎什么都知道,却又对一些重大问题没有感觉。有时候国别专家会说:我研究了10年都没有意识到的问题,你为什么刚来几天就看到了呢?!是呀!问题是这个刚来几天的学者,过去10年可能走过了10个国家。在差异性中发现问题,在重复性中寻找规律,正是比较政治学的基本原理呀!研究一个国家不是研究国家,仅仅研究一个国家,等于没有研究国家。

培养比较政治学的研究团队,提高比较政治学研究水平,就要从比较政治学团队中的两支队伍——普通政治学学者和国别专家优势互补的组合和融合做起。普通政治学学者与国别专家各有优势,也各有弱点,因此要在比较政治学调查研究的实践中相互学习、取长补短,形成新的组合优势。对于普通政治学学者来说,应努力了解对象国的国别知识、区域知识,深入研究这个国家与区域的历史、文化以及现实政治问题,尽快从外行变为内行。对于国别专家来说,要注意扩展自己的理论知识,学习掌握更多的理论和方法。而更为重要的是,国别专家要努力开拓研究视野,拓展研究领域,不能长期把自己的研究范围桎梏于一国或一个狭小的区域内,否则的话,这样的所谓"国别专家"观察研究起问题,恐怕永远是"看山是山,看水是水"。

(二) 实现两支队伍融合的"反串"方法

我们的比较政治学研究团队在科研实践中,做了一些培养"化学反应"和形成新型组合团队的尝试。我们的做法可称为:"反串法"。在比较政治研究实践中,我们主张并尝试运用"反串"的方式,拓展科研人员的知识与能力。比如让从事理论性研究的学者多关注现实问题，让注重现实问题研究的学者多学习研究理论性问题，多做归纳与提炼；让研究国际问题、国别问题的专家多关注中国问题，多在国内调研，让研究中国问题的学者多关注国际问题，尽量去国外走走；让研究某一国家或地区的专家到其他国家和地区调研，如让研究东南亚国家的专家到日本、美国等发达国家调研，让研究欧美发达国家的专家到亚洲发展中国家调研。我们相信通过这类"反串"组合，可以实现比较政治研究中两支队伍的融合，产生"化学反应"，形成学术团队的新组合，推进中国比较政治学的研究。

第四节 典型调查方法

典型调查方法，是选择政治实践中具有重要影响和标志性意义的事件、案例、人物进行的专门研究。典型事件往往集中反映了政治实践、政治发展中的矛盾与问题，同时可以展现解决问题和化解矛盾的尝试和措施。

在改革开放新的历史时期，中国各地出现了许多政治体制改革、行政体制改革的典型案例，如中央层面的公务员制度改革、大部制改革等，地方层面的四川的"公推直选"改革、浙江温岭的"民主恳谈"制度、浙江乐清的"人民听证制度"等。这些是在中国政治体制改革、政治建设中涌现出来的制度创新与探索。这些典型案例产生于当代中国工业化、现代化引起的社会转型和政治发展实践，反映当代中国社会发展的客观需要和趋势，是认识当代中国社会和政治发展的重要"窗口"。所谓"典型"，意味着它是社会实践的一种缩影。政治科学研究可以通过典型调查，从局部推断整体，从个别推断一般，从基层推断上层，从"窗口"观察全局。

目的决定手段。在讲述方法论时，我们总是强调指出：政治学研究方法与政治学的学科特点密切相关,与政治学研究所要解决的问题、达到的目的密切相关。如果说,现场观察法,是对应政治学研究对象文本与事实间巨大差距而形成的研究方法;比较研究法,是对应政治学研究对象稀缺而形成的研究方法,那么,典型调查方法与现场观察法、比较研究法一样,也是针对政治活动本身的特点而产生的,那就是政治学研究难于"到场"的特点。典型调查法主要是因应"到场"问题而采用的调查方法。"典型"意味着它是社会实践的一种缩影。政治科学研究可以通过一个个的"典型",用"一滴水映出太阳的光辉"。

一 为什么要做典型调查:到场、溯源、验证

典型调查是根据调查目的和要求,在对调查对象进行初步分析的基础上,有意识地选取少数具有代表性的典型单位或案例进行深入调查的研究方法。这种调查方法在社会科学的各个学科,如经济学、社会学等中有广泛的使用,而在政治学研究方法中则有更为重要的地位。为什么典型调查在政治学研究中更为重要?首先就是由于政治问题的研究中"到场"问题更难解决。

(一)解决"到场"问题

到场,是一个源自社会学的概念。到场,就是观察者、研究者可以到达研究对象所在场合或可直接获得研究对象相关信息,对其进行观察与研究。到场,是社会科学研究的前提性条件,社会科学诸学科都有到场问题。如经济学研究工业经济问题,可以到工矿企业、交易市场、金融机构进行调研,获取资料信息;社会学研究特殊群体,可以对研究对象进行访谈和跟踪观察,即所谓"田野调查",等等。

当年费孝通先生到苏州庙港镇开弦弓村休养,同时对江南农村经济进行考察,就是一次到场。他的那次到场恰巧遇到了当时中国农村社会各种经济、社会要素最为集中、最为典型的场合,

触发了费孝通对中国社会问题的深入观察、思考和发现，由此写出了名著《江村经济》。费孝通的那次到场成就了中国社会学的奠基之作。

《道德经》云："国之利器不可以示人。"社会科学诸学科中，信息不对称现象在政治学领域最为突出，是政治学研究的重大障碍。政治学的研究对象，因涉及国家权力而导致的重要性、隐蔽性、敏感性，为研究者设置了难以逾越的到场障碍。越涉及重大政治事物，越涉及重要政治活动，越接近高层政治事务尤其在国家层面，研究者就越难于到场。到场难，是政治学研究最为常见的问题。为了克服到场难的问题，政治学研究采取的一种方法就是典型调查法，即在基层选择相对容易到场的典型，对于或地点或单位或特定人群、人物，进行观察与研究。典型调查是对政治学研究到场难问题的一种救济。

典型调查地点与案例，一般选择在国家政治层级的中层和基层，特别是在基层。中国自古有"政不下县"的说法，意思是说，涉及重大利益分配的政治活动、政策制定是在国家权力的高层。在县以下的基层政治活动主要表现为行政化的行为，主要表现为行政与公共管理事务。我们在一些国家和地区的调研中对这种现象体会尤深。我们在美国调研时曾访问过一些市长。美国的市的行政层级大致相当于中国的乡镇。我们发现美国市长们的所思所想所为跟中国乡镇长们几乎没有什么区别。我们到中国台湾调研，记得有一次去访问台中市议会，议长先生亲自接待我们，大谈"台中和谐议会建设"。我们问他"蓝绿之争"，他有些讶异，回答我们：蓝绿之争是台北的事情，这里没有，台中议会干的都是为台中人民谋福利的实事。

从总体上看，在政治体系的基层，政治活动行政化使政治活动在很大程度上脱敏。因此，在地方与基层选择典型案例、典型事件、典型人物进行调研是相对容易到场的，有利于解决到场难

· 117 ·

问题。

（二）解决"溯源"问题

政治事务、政治问题的最终解决往往趋向于向权力高层集中，但大量的政治事务、政治问题却源自基层。政治活动本身就是由社会各个领域的各种问题集中转化而来的。在基层进行典型调查有利于对全局性政治事务、政治问题起源的认识和发现。在这个意义上，典型调查可以说是一种关于政治问题的溯源调查。

从 2005 年开始，我们受中央有关部门委托开始了中国社会的政治风险与社会稳定的专题研究，一直持续了多年。政治风险与社会稳定涉及社会结构和社会矛盾问题。这是关于中国政治的一项基础性的研究。这项研究的一个主要成果是关于当前中国社会矛盾的认识。我们认为，"官民矛盾"是当代中国各种社会矛盾中的一个值得高度重视的矛盾。根据我们当年一份研究报告中的定义，"官民矛盾是由各种社会矛盾转化集合而成的社会与国家的矛盾、人民群众与政府的对立"。这个观点在我国社会矛盾与社会稳定的相关研究中是具代表性的观点，而这个观点是我们从大量基层调研、典型案例调查中"看"出来的。

自 2006 年开始，我们课题组每年在全国各地调研近期发生的各类"群体性事件"，这类事件是新时期人民内部矛盾的集中和突出表现。在调查了大约 10 余起群体性事件后，我们有了一个发现。我们发现在各种各样的群体性事件中，尽管起因、类型各异，但几乎所有的事件发展趋势及最终结果都演化为群众与党政机关的矛盾。这应该说，是在重复性中发现的规律性现象。通过这一现象的研究，我们得出了当前中国社会中官民矛盾是一个必须重视的矛盾的结论。后来，我们选择了四川汉源因水电站工程引发的"汉源征地维权"事件、浙江东阳因环境问题引发的"东阳环境维权"事件和广东番禺因村民委员会选举引发的"太石村选举维权"事件这三起具有典型意义的"维权事件"，写出了《三起群体性事件的启示》的研究报告，在当时产生了较大的影响。正是从那些看似偶然、起因不同、形态各异的群体性事件中，通过典型调查，我们发现了当代中国各类社会矛盾，在一定条件下，有向社会群体与党政机关矛盾转化，即演化为"官民矛盾"的趋势与规律。

（三）解决"验证"问题

典型调查一般处于基层，基层是作为政治活动重要内容的国家与社会治理的界面。国家与社会治理是多层级体系，自上而下层层传导。但无论有多少层级，无论经过多少环节，国家与社会治理最终的着力点是在基层，基层是国家与社会治理行为最终发生实际功效的界面。在基层做典型调查，可以从政治的终端、从治理的界面上，了解整个政治体系及政策运行的实际结果、最终效果，即对体系运行和政策结果做终端的检验。

现在我国学术界大量的政治学研究是在中央层面、根据文本进行的，这种研究方式具有很大的局限性，很难取得反映文件、政策实际成效的研究成果。如前所述，政治体系中的"想法""说法"和"做法"之间会有很大差距，文本解读也会形成偏差或误解，而政治体系的实际运行和政策实施中也会有许多衰减和失真。典型调查可以对政治体系实际运行和政策实施中的衰减和变形做出认识上的救济，从终端效果上检验体系运行和政策实施的实际效果。

目前我国学术界对我国经济社会运行实际情况的判断有很大分歧。这种分歧亦有学术研究方法上的缘由。如果仅以各种各类的文本为依据会形成一种判断，而如果以大量的基层与典型调查为依据又会形成另一种判断。这背后的原因就是对政治体系实际运行的检验问题。

我国目前正处于实现现代化和民族复兴的关键时期，党的十九大做出我国经济社会发展正处于"行百里者半九十"的风险期、困难期的判断。学术界也公认我国社会处于社会矛盾多发期，我国主要的社会矛盾、社会问题集中于基层。我们在调研中也了解到群体性事件绝大多数发生在乡镇层级，少数发生在县市级。产生社会矛盾冲突以及群体性事件的重要原因与基层行政资源匮乏、财政资金短缺密切相关。基层社会紧运行，基层政府治理能力弱化，从而降低了基层对社会矛盾与冲突的调节和处理能力。但如果从中央层面，从国家统计局公布的国民经济运行的数据看，我国政府财政运行情况确实相当不错。

面对这种情况，只有通过大量基层及典型调查，才能真正了解我国地方与基层社会的实际运行情况，进而得出对各级政府特别是基层的财政运行实际情况与实际效果的可靠判断。从地方情况看，近年来我国 32 个省、自治区、直辖市中，只有 8 家能够净上缴中央财政盈余。从市县层级看，现在我国大部分市县是所谓"吃饭财政"，即只能维持公务员工资，维持社会日常运行和建设的经费则需要另行筹措。基层财政紧张导致基层政府公共服务能力下降，这是导致基层社会矛盾上升的重要原因。由基层观察与调研得出的认识能更直接地反映政治体系和国家与社会治理运行的真实状态。

二　可行性与局限性问题

典型调查有其价值与优点，但也要看到典型调查的局限性与短处。一分为二地看待和运用典型调查方法，才能更好地运用这一方法。典型调查的可行性与局限性反映了典型调查对象蕴含的普遍性与特殊性的问题。

白马非马，任何事物中都包含着普遍性与特殊性，事物是普遍性与特殊性的统一。做典型调查的研究者，需要对每个典型调查所获的结果做进一步的分析，区分典型调查结果中哪些具有普遍意义，而哪些反映的是具体调研对象的特殊性，而并不具有普遍意义，这样才能正确地看待和使用典型调查获得的成果。

（一）可行性：同构性原理

典型调查之所以具有全局性的意义，是因为在政治体系和政治事物中，个别中包含着一般，特殊性中有普遍性。做典型调查的目的在于通过局部、通过个体，推断和认识全局与整体。而之所以能够通过局部和个体推断全局和整体，是因为政治体系及运行具有从上至下的同构性与一致性。

党的十八大以后，新的中共中央领导集体提出了"四个全面"的治国理政的战略布局，即全面建成小康社会、全面深化改革、全面依法治国、全面从严治党。通过推进经济社会发展、深化改革、加强法治和推进执政党建设全面推进中国的现代化事业，实现民族复兴。显然"四个全面"首先是中央层面的发展战略，但国家整体发展战略在基层也是从上至下一以贯之的。地方与基层的经济社会发展和社会治理也要贯彻落实"四个全面"。近年来，我们在地方和基层调研，那些书记、市长乃至乡镇干部完全是按照"四个全面"的战略布局介绍情况的。中央是"四个全面"，到了基层仍然是"四个全面"，原因很简单，上级是按照"四个全面"对下面进行布置、监督、考核的。上面实现的是全国的小康，下面实现的是市、县、镇的小康；上面是深化全国改革，下面是深化市、县、镇的改革；上面全面依法治国，下面依法治市、县、镇；上面是面向全党的从严治党，下面是市、县、镇的全面从严治党。这种政治体系结构的统一性、完整性，在逻辑上保证了局部的、基层的、典型的调研具有推断整体的功能。不仅如此，典型调查还可以通过基层与典型的简易性、直观性而加深对整体性问题的了解与理解。

（二）局限性：偏差性原理

党的十九大重新认识和定义了当前中国社会的主要矛盾。指出：我国社会主要矛盾已经转化为人民日益增长的美好生活需要和不平衡不充分的发展之间的矛盾。经济社会的发展"不平衡不充分"是中国的基本国情,这一国情体现在中国社会生活的各个方面,也表现在政治层面。由于特殊性中包含普遍性,所以通过特殊的、具体的典型调查可以得出具有整体和全局意义的认识。

但任何一个具体的事物,哪怕是最典型的事物,都有其异于其他任何个体的特殊性,都有相对于其他相关事物的不适用性。因此,在典型调查中,又必须树立起差异性的观念,也就是说,典型调查一定会带来相对于全局与整体的偏差认识。换言之,就是在典型调查中,要特别注意不能以偏概全,不能拿个别经验去"格式化"整体认识。

关于典型调查成果不能"以偏概全"问题,我们在调研中感触良多。多年来,我一直关注改革开放以后在我国农村地区保留下来的、仍然实行集体经济的"明星村",如北京留民营,天津大邱庄、西双塘,山东南山,河南刘庄、南街村,江苏华西村,浙江滕头村,等等。我调入中国社会科学院不久,有一次老院长李铁映同志在山东南山召开农村集体经济调研座谈会,专门指示我前去参加。在南山,老院长当面要求我及政治学研究所要多下基层做调查研究。从那以后,我自设一个"新村研究"课题,专门以这类"明星村"为对象进行典型调查。2017年,我们徒步沿京杭大运河进行深度社会考察,经过天津时我们专门走访了大邱庄和西双塘,渡过长江来到苏南,我们又专门安排时间走访了江阴的华西村和吴江的开弦弓村。

学术界有一种看法,希望推广普及类似华西村这样的改革开放前遗留下来的农村集体经济,也有许多人进行了常年的追踪研究,但这些典型始终没有推广开来。许多人为此感到遗憾和不解。这个问题就涉及典型调查成果的偏差性问题。经过多年的调查和比较,我认识到这类看似完美的农村集体经济典型中有些特殊条件是其他地方不具备的。因此,其他地方无法复制,这也是这类典型不具推广意义的原因。

什么原因呢？经过在全国 10 余个"明星村"的走访，我发现了所有"明星村"共同具有的 8 项特征，其中第一项便是各村都有一个好的"带头人"，如华西村的吴仁宝。但这样的"带头人"如吴仁宝却是稀缺资源，这就是这种看似理想化的集体经济典范无法复制、无法推广的最主要原因。吴仁宝虽出身乡土，但却有着重要的社会价值。他就是政治学上所说的那种"克里斯玛"。

克里斯玛（charisma）原意是巫术文化中某种超自然的特殊人格特质。吴仁宝就是华西村的"克里斯玛"。克里斯玛具备两个特质：克里斯玛是创业人，克里斯玛是奉献者。克里斯玛的神奇在于，当创造了一切之后，他把一切给予了他人，而他依然故我，并甘之如饴。华西村有许多管理制度、体制机制，但发挥根本作用的其实是吴仁宝个人的修为与操守，是吴仁宝的人格。华西人说到底是相信吴仁宝的，一切制度、一切得到执行的政策措施，归根结底源于大家对吴仁宝的信任。这就是克里斯玛的作用。华西村这个典型、华西村的传奇，都源自吴仁宝。而吴仁宝的克里斯玛特性却是无法复制的，他之后的所有继任者都不可能再兼有创业人和奉献者的双重品质。故而华西村尽管成功，但这个典型却并不具有普遍意义和推广价值。

在政治学学者做典型调查的时候，特别是做以总结先进经验为目的的典型调查时，要特别提醒自己，不要忘了典型调查偏差性原理，不要忘记任何典型都有其局限性。

三　典型调查对象选择

典型调查贵在调查对象的代表性、典型性。做好典型调查的第一步就是选好调查对象。典型调查对象的选择涉及调查对象的类型、调查的系统性以及调查的时机。调查对象类型齐全合理，调查具有系统性以及选择适当的时机，这些是做好典型调查的基本要求。

中国是一个大国，经济社会发展不平衡是中国的基本国情。典型调查必须适应中国的国情，必须能够反映中国社会的多样性、复杂性。这样才能使典型调查的普遍性价值得以最大程度发挥，同时尽量降低典型调查可能产生的偏差。从中国的国情出发，典型调查对象的选择要考虑：区域、领域、层级以及主题四方面的因素。

（一）调查对象的区域选择

在中国社会科学院政治学研究所，我们比较忌讳谈"中国"，我们很少以中国为概念谈论某些事务。为什么呢？因为一旦谈到中国如何如何，我们就会下意识地提出一个问题：你指的是中国的什么地方？中国的哪个部分？中国突出的国情之一，便是区域发展的不平衡性。中国地区之间的差别不是文化意义上的，不是河南人耿直、东北人豪爽、南方人精明……中国地区之间的差别是处于工业化、现代化发展的不同阶段所表现出来的差异性。换言之，中国的地区差别意味着：不同地区在生产方式、生活方式以至于思想方式上存在一定程度的差别。在中国做调查研究，尤其是做典型调查，一定要考虑到中国地区间的差别。否则的话，其结果一定是"盲人摸象"，一定会以偏概全。一般来说，一个涉及全局性的问题，比如对我们当代中国社会结构问题的调研，我们必然会让所选择的典型调查地点遍布中国的主要区域。

在现阶段，从中国工业化、现代化发展阶段性特征的角度，可以将全国大致地分为"六大区块"：第一，东南沿海经济发达地区，主要包括"长三角""珠三角"地区；第二，经济发达地区的大都会，主要包括北、上、广、深、成、杭等超级大城市；第三，中部地区，主要包括山西、陕西、河北、河南、湖北、湖南诸省；第四，西部地区，包括内蒙古、宁夏、新疆、西藏、广西五个少数民族自治区；第五，西南地区，包括云、贵、川、渝四省市；第六，东北地区，即黑、吉、辽三省。全国性、全局性的调研项目，如果采取典型调查的方法，就应考虑在全国的六大区块均选择调查地点。

（二）根据研究领域选择调查对象

政治问题来自社会领域，多为经济、社会、民族、宗教、文化等各类社会事务、社会矛盾集中转化而来。典型调查对象要依据研究领域选择调查对象和地点。特定领域或专业性强的研究课题，应在所涉及的专业领域中选择相应的区域及典型案例，或选择有代表性地点进行调查。

2016年，我们承接了一项与群团改革有关的评估课题。群团改革是国家全面深化改革领导小组确定的当年改革的重点项目之一。我们承接这个项目可谓"时间紧、任务重"。我们考虑采用典型调查方法作为这项研究的基础。所谓群团改革，是指具有中国特色的，兼有社会管理职能的工会、共青团和妇联等群众团体组织的职能、工作方式等方面的改革。我们在研究了这项改革的对象、性质等问题后，确定群团改革的主要场域在城市，特别是大城市、中心城市，它们是群团改革的主战场。由此，我们选择了上海市、重庆市和深圳市南山区三个地点作为群团改革评估的典型调查对象，其中以上海市为重点。在上海市的层面，我们在上海市总工会、共青团上海市委和上海市妇联三个单位开展典型调研；在重庆市仅以共青团重庆市委为对象进行典型调研；在深圳市南山区，我们在区的层面对工、青、妇三个区级机构开展典型调研。由于典型调查的方式和调研对象的合理选择，我们在很短的时间较好地完成了调研任务。那次调研的成功经验就是，根据研究问题的领域，选择该领域中具有代表性、典型性的单位和地点进行典型调查，以收到最好的效果。

（三）考虑典型调查对象的合理层级分布

中国有五层级的行政体系。全国行政体系按国家、省与直辖市、设区市、市县、乡镇五个级别设置，分级担负不同的权属与职责。在承担具有全局性的研究课题时，如果采取典型调查，就应该考虑调查对象应覆盖不同的层级，以反映整体的情况。根据具体研究课题，一般选择在国家以下四级均应设典型调查点，或根据需要选择不同层级确定调查对象。按层级特性选择调查对象的原则是调查内容与行政层级相适合、调查内容与行政层级事权相匹配两项。假定研究干部人事制度改革的课题肯定不宜选择乡镇作为调查地点，甚至市、县也不合适，而一般应选择省或设区市。如果是管理绩效方面的课题则应以市、县层级为主。

我们在常年的调查研究中，在全国许多地区的不同层级上设置了典型调查的调研基地。比如，我们与浙江省和杭州市有关部门合作做省、市两级财政体制改革的典型调查；我们应浙江省温州市有关部门邀请，做市人民代表大会预算审查制度改革试点调查；我们在山东新泰市做平安城市典型调查；在深圳南山区做现代城市管理调查；在辽宁沈阳、抚顺做行政区划改革与振兴老工业基地调研；在云南省红河彝族哈尼族自治州，做西南少数民族地区经济社会发展与社会治理典型调查，等等。我们的经验是，典型调查对象与地点的选择一定要与调查对象行政级别的事权相匹配，才能收到预期效果。否则的话，就可能出现"小马拉大车"或"大脚穿小鞋"的情况。

（四）根据调研主题选择调研对象和地点

还有一类典型调查是根据具体问题而设立的，这类主题明确和带有任务性的调研课题，如果选择典型调查，就要更有针对性地选择对象和地点。这类调查对象和地点原则上应选择在问题或事件的原发地，或以同类问题、同类事件发生地为调查地点。

我们在常年调研工作中，凡是遇到这类课题都会尽量到事件或问题的原发地进行调查，选择典型做典型调查。这类情况最多的是涉及政治风险、政治安全和社会稳定方面的课题。还有就是总结经验型的课题，当然就要到典型单位的现地做调查研究。

"国家不幸诗人幸,赋到沧桑句便工。"这些年,国内重大群体性事件的事发现场、严重腐败案件事发地、重大安全事故的发生地,每每留下了我们调查研究的足迹;我们也不放过国际重大政治事件,美国大选是我们观察西方资本主义政治体系、政治活动的窗口,我们连续多年对美国中期选举和大选进行现场考察和调研。我们从不放过这些难得的进行比较研究和典型调查的调研机会。

第四讲

怎样写政治学文章:"三论"写作

文以载道,政治学研究多数成果最终要以文字形式展现与表达。政治学研究成果的文字表达,概括起来说就是写成三类文章,我们称为"三论":政论、策论、文论。

政论,即政论文章。政论文章承载着政治学的意识形态功能、政策功能,也是政治学面向社会的表达。在中国,政治学的政论大多表现为发表在重要媒体,如《人民日报》《光明日报》《求是》杂志等报刊上的政论文章,以及一些对外宣传的文章。

策论,即政策研究报告。政治学是经世致用之学,必然要关注政治实践,承担政治实践及现实政策的研究与认识的功能,也就是人们常说的发挥服务于国家、社会及企业的智库功能。策论大多表现为各类智库的研究报告。

文论,即学术论文。是政治哲学和政治科学学术研究成果,是对政治价值观的研究与阐释,是对政治事物、政治实践、政治活动规律性的探讨和认识。文论通常是发表于各类政治学及社会科学学术期刊上的学术论文。

从目前情况看,中国政治学学者大多擅长某一种或某两种政治学文体,能够熟练掌握三种文体的人不多。但作为成熟的政治学学者,还是应该掌握政论、策论、文论这三种文体。

社会科学的总体研究对象是人类社会。人类社会是一个整体。社会科学的不同学科对社会的研究与论述，无非是研究的抽象层次不同、论述的角度不同而已。以哲学社会科学中各个学科而论，社会学、经济学相对具象，政治学处于社会科学抽象层次的中层，而哲学、宗教学的抽象层次最高。从论述与表达的角度看，同一学科，如政治学的不同文体，无非是从不同的角度，对政治学的研究对象进行分析与论述。各种政治学的文体，又都同属于对政治事物、政治活动进行观察、思考和研究的成果。

从表面上看，使用不同文体似乎是个写作技术、技巧问题。但如果深入思考，我们就会意识到，能够对同一研究对象使用不同文体进行论述，意味着研究者能够从不同视角、在不同层面来观察认识对象，这体现了研究者对研究对象整体性和综合性的认知和把握能力，表明了研究者认识的深度和在表现手法上的灵活自如。所以，我提倡政治学者应努力学习和钻研，在科研工作中娴熟地掌握政论、策论和文论三种文体。我认为，这种历练可以提高政治学学者的整体性、综合性的思维认识能力和全面的表达能力，可以使其学术研究达到更高的境界。

在中国社会科学院政治学研究所，我们长期以来一直提倡科研人员能够具备三种文体的写作能力。我借用美国职业篮球联赛（NBA）的说法，称能够掌握三种文体的学者是政治学中的"3D选手"，即具备全面的研究能力和表达能力的学者。而只能掌握一种文体或两种文体的学者，只能算是政治学的"角色选手""蓝领球员"。只有掌握三种文体的学者才能获得较大的学术影响力、社会影响力和话语权。换言之，只有能用三种不同文体发声表达，才能在政治学学术小圈子之外获得影响力和知名度。不要忘记，政治是全社会关注的问题，政治学是一个公共意识领域，如果我们的政治学学者不能在社会的公共意识、公共传播、公共舆论领域中发表意见，发挥应有作用，中国政治学、政治学学者就难以获得社会存在感，政治学就不能很好地担当起经世致用的学术职责与使命。

第一节 政论写作

政论写作者首先要了解和理解社会沟通的三种语言体系，搞清三者的区别与联系。这是政论写作的必备前提。

如第二讲中所述，人类社会的沟通、传播基本上由三个语言系统承担：一是，政治语汇或曰政策语言、文件语言，这是政治体系及国家政权内部的信息系统，整个国家的政治体系内部是依靠这样的信息系统沟通和运转的。二是，学术语汇、科学语言，这主要是知识界、学术界使用的信息系统，是更具有客观性和规范性的语言。学术语汇专业化程度高，也更为小众。三是，生活语汇，是人们在日常生活中交流沟通的工具，是民众的生活用语。

政治学学者须要理解三个语言体系各自的特点，以便使自己的文章最大限度地为生活在三种不同语言体系里的人们所理解和接受。而这就意味着要让自己的文章和语言具有一定的通用性，这也意味着政治学学者要具备使用不同语言表达相同思想内容的能力。高水平的政治学学者可以在三种语言系统间自由转换。

一 政论特性：概括与简约

要掌握政论的写作规律和技巧，就要充分了解政论与学术论文以及生活语言之间的区别，由此把握政论的特性和写作特点。

政论与学术论文之间最大的区别在于：政论是用概括性的语言进行论述，学术论文一般是用描述性语言进行论述。

（一）概括式表达

学术论文是以材料、论据说明和证明学术发现或科学知识。

学术论文要从问题、论题的提出，研究的进程，方法的运用，以及研究发现、观点论证的全过程进行论述。总体上说，学术论文是一种推理型的文体。而政论表达与论述截然区别于学术论文，政论是运用概括性语言阐述思想观点。所谓概括性语言，即运用规范化、程式化的政治语言表述论点、论断，运用规范的政治概念进行逻辑推理和论证。一般来说，政论是以观点当头，以正面阐述观点为主，主要是用有选择的证据与材料说明观点与结论。换一种说法，就叫作"以论带史"。总体上说，政论是一种阐释型的文体。概括式的论述是政论的第一特征。

（二）简约的文风

政论的第二特征是简约的文风与明快的叙述方式。政论多为意识形态、价值观念、政治主张的宣示，多为宏大叙事，基本上属于政治哲学范畴。政治哲学以价值为标准，重在逻辑自洽、推论合理。政论无须对所持观点相关因素做全覆盖论证，无须拘泥细节。这与学术论文有很大区别，学术论文必须对所持观点进行全面细致的论证。而政论的宏大叙事最忌琐碎，繁文缛节难免顾此失彼、挂一漏万。政论在行文上表现为简约明快，只要做到"言之有理，持之有故"即可成文。

二 政论写作常见问题

在长期以来的政论写作和参加有关部门的文件、理论文章起草工作的过程中，我们对政论写作的常见问题有所了解。其实，这些毛病都是我们自己在学习和实践过程中首先遇到的，因为是自己身上的毛病，所以就有了更深的了解和体会。我们是在写作实践中逐渐认识到这些常见的问题，并慢慢改正这些毛病的。

（一）"掉下来"

所谓"掉下来"，就是在政论行文中使用语言的抽象和概括程度与层次不统一。记得在20多年前，我有幸参加《求是》杂志社组织的两个"九论"系列文章写作工作。两个"九论",就是各有九篇论述当代资本主义和当代社会主义重要理论与实践问题的理论文章。这是我第一次参加重要理论文章写作工作,应该说,开始时我完全摸不着头脑。首先遇到的问题是,我的文章叙述显得凌乱,给人感觉风格很不统一。为此,我很窘迫很苦恼。当时,有一种感觉,文章看着看着就"掉下来"了。在艰苦的学习和摸索过程中,在一些老同志的指点和帮助下,我逐渐明白,我的问题在于,文章叙述中使用的语言概括程度不统一,跳跃性太大,时而是用概括性语言,用论断式的表述,时而又变成了用学术语言,甚至说起了"大白话",用生活语言"白描"。当时,我们开玩笑地说,文章写成这个样子,就好像是有的人唱卡拉OK,忽高忽低,前一句高了八度,后一句又低了八度。

写政论在论述中使用概念、论断的抽象程度和层次,要大体保持一致,叙述风格要统一,切忌时而概括时而具体,给读者"忽高忽低"的感觉。经过一段时间的磨练,我慢慢掌握并习惯了在政论写作中以概括程度和抽象层次大致相同的语言进行论述,既不过于抽象而显得空洞,又不过于具体而显得琐碎。这就是我们所说的政论要像"巡航导弹",在同一高度上做平行飞行。

(二)节奏乱

文章和音乐一样也是有节奏的。总体上讲,政论是"快节奏"的文体,而学术论文是"慢节奏"的文体。政论是用概括性语言进行叙述,以观点带动,必然是快节奏的。政论不能像学术论文那样,掰开了捏碎了,做详细烦琐的论证。此外,政论一般篇幅较短,要求语言文字有更多的容量。要在较短篇幅表达更多内容,除去使用概括性语言,就要加快行文的节奏,不能"恋战",不能卡顿,始终保持轻快的节奏。

刚开始写作政论的时候,我掌握不好节奏,文章写起来时快时慢,有的地方一带而过,有的地方却纠缠不清。初写政论的人有个通病，对自己熟悉的问题，有些研究和感触的地方，就不知不觉地写得多了起来。这样的文章让人读起来就会感到不流畅，有的地方匆忙，有的地方烦琐。我当年就有这种问题，有的领导婉转地提醒我说：文气还不够通畅，没有一气呵成。有的领导则直截了当地提出批评，说我"格局不够"。怎么是格局不够呢？我开始想不明白，后来慢慢懂得了，其实就是写文章时，在自己有一管之见、偶有所得的问题上卖弄了。格局不够也许有思想方面的原因，但仅从技术上看，主要的毛病还在于把行文节奏给破坏了。

怎样保持文章的流畅，让文章如行云流水呢？

首先，还是要先"想明白"。要把所论述的问题在理论上、逻辑上、环节上都真正搞清楚，真正理解所要论述的问题。在这方面，特别是要打通所有环节，理顺所有逻辑关系。有的人会讲话，在会议上发言，在课堂上讲课都很精彩，但一落实到笔头上就不行了。为什么会如此？据我观察，这类所谓能说不会写的人，往往是对所论述问题的"大模样"有所考虑，但对论述的各个层次上的递进关系，对各个环节之间的因果联系，并没有真正搞清楚。这样的话，只要一落实到文字上，就必然会卡壳。这种人喜欢粗略地考虑问题，而不擅长细致地考虑问题，而这是写作的大忌。总之，要想写好文章，先要想好所有的环节和细节。这是保持文章明快流畅的基础。

其次，合理布局，均匀搭配。搞研究、写文章，经常会讲到"驾驭材料"。在写论文特别是政论时，因篇幅、节奏上的限制，更要精心布局，均匀地分配和使用材料。在各个部分上论述的内容、论述的程度、使用材料的多少，都要尽量做到均匀，不能畸重畸轻。漂亮的文章每个段落字数都是差不多的。文章各个段落字数差不多，说明结构布局和材料运用得精当。

最后，行文简洁，层层递进。这是保持文章节奏的关键，也是保持文字流畅的关键。简洁是美文的灵魂。所谓简洁，概言之，就是在满足正确表达的前提下使用最少的文字。行文中只要说清楚了，就不再多说一句，不再多用一字。具体来说，就是要做到：一句一义，义到即转；一段一义，义到即转。只有把整篇文章的每句话、每段话要表达的意思，都想清楚、搞明白；只有在行文中做到一句话一个意思、一段话一个意思，步步为营，层层推进，才能做到行文简洁。

（三）口语化

书面语与口语是两种表达方式。看和听是两回事。书面语是用文字书写出来供人们"看"的语言，英文里讲 written language，即"写下来的语言"。口语是口头语言，是说出来供人们"听"的语言。文章尤其是政论是使用书面语的表达方式。在政论写作中，书面语与口语要有严格区分与限制。政论写作中常见的一个问题，就是口语与书面语不适当地混用，书面语中夹杂口语。这种混淆带来的问题：一是必然会"掉下来"，影响论述的规范化与抽象化的一致性；二是，必定会带来节奏混乱，作为生活语言的口语，在生活中往往是多义的，将其加入严谨的政论论述中会产生歧义，影响阅读节奏。

另外，与口语化问题有关的还有政论中的"起承转合""穿靴戴帽"问题。包括政论在内的书面文章中，常常能看到许多上下文的勾连、叙述之前的铺陈，等等。这些勾连与铺陈在口语中是必要的，但在书面语中则是多余的。口语是声音，转瞬即逝，所以讲述者往往需要在前言后语之间做勾连，转入新的讲述前也需要做一些铺陈。但书面语中则完全不必如此。书面语是平面展示，上下文均在读者视野范围内，上下文的关系无须交代。书面语中，只要意群之间、段落之间的意思连贯，逻辑清晰，文字"摆"在那里即可，不宜再做解释。书面语中要注意忽略"起承转合""穿靴戴帽"，以保持阅读节奏。

(四)"个性化"

写文章,讲观点,肯定要有个性。但在政论写作中个性化表达往往是个缺点。这种个性化指的是,作者个人的自由发挥,自己创造的概念、说法。一般来说,这是不可接受的。多年前,我们承接了有关部门委托的重要理论文章写作任务,一位刚从高校调入研究所工作的研究员在写作中洋洋洒洒、自由发挥。我被领导找去责问:这是谁"由着性儿"写的稿子?! 在第二讲中,我们谈到政治语汇的惯性时涉及过这个问题。政论使用政治语汇,要遵从政治语汇的惯性特征,这是政论规范性的要求。如果自创概念、自由发挥,就会使文章脱离主流语境,变得另类,而失去正当性、权威性。

当然,在政论写作中排斥个性化表达,并不意味着禁锢思想,搞千篇一律、千人一面。政论中创新、独立的观点,要在遵从惯性原则的前提下,采用精妙的转义或组合方式来加以表达。这与中国古代诗词创作中"化用"手法类似。读到辛弃疾名句"千古兴亡多少事?悠悠。不尽长江滚滚流"时,你会很自然地联想到杜甫的"无边落木萧萧下,不尽长江滚滚来"。一字之变,便托化出新意而非抄袭。王勃的"落霞与孤鹜齐飞,秋水共长天一色",化用庾信的"落花与芝盖同飞,杨柳共春旗一色",更是千古绝响。政论中个性要用"化用"手法表现,这是个技巧问题,当然也是需要真功夫的。

关于"个性化"问题也有例外。在一些非常重要的官方政论中,却常出现非常明显的口语化词句。比如,当年《人民日报》在一篇批判"法轮功"的重要社论中,有一句话"'法轮功'是邪教",给公众留下具有冲击力的深刻印象。在重要政论文中出现口语化的语句,大概率是引用了权威人士的原话。

第二节 策论写作

一般而言,策论是智库研究的成果,主要表现为专题性或专门性研究报告。策论大多出自现代智库,在讨论策论写作前,首先应当了解一下智库研究与普通社会科学研究之间的区别。

一 智库研究与普通社会科学研究的区别

现代智库研究与传统意义上的哲学社会科学研究在性质与功能以及组织结构与研究方法上存在很大区别。现代智库具有独特的研究对象、服务对象、研究方法和组织方式。为了便于区分,我在这里将传统意义上的哲学社会科学研究称为"普通社会科学研究",以区别于现代智库研究。

(一)智库与普通学术机构功能定位的区别

普通学术机构,特别是高校学术机构及其学术研究,以研究基础性理论为主要内容,以传承文明为主要功能。智库则与之不同。根据国际通行概念,智库是政策规划与咨询组织,其主要服务对象是政府与企业,智库以研究和产出政策、法律方案为主要功能。

(二)智库与普通学术机构学术研究的区别

普通学术机构的学术研究很大程度上是以研究"知识"为主,其研究方式是以文本研究和案头研究为主,大量工作是对已有知识进行梳理与提炼,进行深化处理,再发现、再发明,因此大量成果属于二度创作。智库研究则不同,智库以研究"问题"为导向,目的是解决国家、社会、企业在建设、发展中遇到的实际问题。因此,智库研究主要采取经验性、实证性的研究手段,从实际出发,总结经验、认识规律,提供现实问题的解决方法、解决方案。

(三) 智库与普通学术机构组织方式的区别

普通学术研究在很大程度上以个体研究的方式进行，可以局限于某一学科之内，从单一角度进行研究，这样研究取得的成果可以得到学术界的承认，在传播知识方面起到一定作用。但普通学术研究这样的方式及标准基本上不能适用于智库研究。智库研究着眼解决实际问题，首先不能局限于普通学术研究中形成的传统学科范围，同时由于实际问题的现实性、复杂性，一般情况下必须为多专业、多学科的综合配备的学术研究团队才能胜任。

二 策论模式：问题、意义、对策

了解了现代智库的功能以及智库研究与普通社会科学研究的区别，就初步了解了作为智库产品的策论的目的、功能以及价值。这是写好策论的一个基础。有许多学者具有社会科学的研究能力，一定程度上也会搞调查研究，但就是不知道怎么样写好策论。这主要是因为他们不了解策论的特点以及写作策论的要求，抑或说，不了解策论这种文体的模式。其实，这个问题并不复杂。一般来说，策论至少要包含三个要件：问题、意义、对策。

(一) 揭示与描述问题

如前所述，智库以研究"问题"为导向，目的是帮助国家、社会、企业解决在建设和发展中遇到的实际问题。一般情况下，策论都是针对某一问题的。因此，策论写作首先就要把作为对象的问题的事实揭示与描述清楚。这里的"问题"，如果用英文表述：不是 question 而是 problem、trouble 或 issue。总体上来说，策论针对的是社会现实生活中需要重视和解决的重要理论与实际问题。

揭示问题，说明事实，是策论的第一要件。

第一，说明背景。重要的现实或理论问题都是处于特定的社会场景或历史背景之下，而不是孤立存在的。策论首先就要说明当下社会生活中某一问题的由来及现实意义。说明了问题的由来和意义就揭示出了相关问题需要重视的理由。

2012年，我们在东南沿海地区观察基层选举。我们发现在经济发达地区的市、县级人大代表选举中存在着大量资金投入的问题。本来基层选举特别是村民委员会选举中，存在"花钱买票"这种现象并不新鲜。但在市、县人大代表选举中存在同样现象则意味着资本力量向政权体制可能的渗透。当我们捕捉到这一动向并说明这种潜在风险时，我们的调研报告《选举对基层政治的影响》在国家层面引起了重视。这项研究对后来我国基层选举组织方式、选举规则的重大调整产生了影响。之所以引起了重视，就是因为我们的调研报告中把选举中的"金钱政治"问题可能对我国基层社会结构、基层政权产生的潜在影响揭示得十分清晰。这样就帮助有关部门了解和认识到了这一事态的政治意义。

第二，描述事实。以最简明的文字准确描述所要说明的事实。策论的生命在于真实可靠，策论不是倡导和宣扬某种价值，不是引导他人接受自己的观念，仅仅是反映客观现实，只是提供参考意见。所以一定要对所涉问题做客观真实反映，绝不能掺杂自己的主观意图，不能试图通过渲染事实影响决策者的判断。策论对事实的描述要客观真实，作者要尽量保持价值中立。简洁描述事实，也是保持策论客观中立的一种方式。越简单的描述越接近真实，越多的描述越容易加入主观因素。

（二）揭示意义

揭示所反映问题的意义是策论的关键。为什么要反映某一问题？为什么要重视和解决某一问题？这就要对这一问题的性质、作用及影响做出正确的分析和揭示。这也就是我们常说的"意义的发现"和"意义的解读"。某一事物或某一问题的意义，本质上是该事物或问题与其他相关事物或问题的联系及其潜在的影响。每一事物都是其他事物的结果，也会成为另外一些事物的原因。

揭示某一事物或问题的意义及重要性，就是要说明该事物与其他重要事物的因果关系。说清楚了重要事物间的关联才能引起重视，策论才有价值。有些策论提出了很重要的问题，但未能对问题的意义做出深刻到位的分析，以至于阅读者不明就里，这样的策论就是个"半拉子"。

我们在亚洲政治发展比较研究中有一个重要发现，即发展中国家工业化进程中的真实城市化率，是衡量政治稳定状态的重要指标。工业化、城市化发展会导致社会结构变化及社会转型，会进一步带来社会不稳定和政治动荡。一些国家会在政治动荡中出现全面混乱与危机，最终中断了工业化、现代化进程，沦为"失败国家"。另一些国家则能够克服政治动荡，度过危险期，最终实现国家的工业化、现代化。发展中国家的城市化率，与各个国家的治与乱有着显著的相关性。我们发现，那些城市化率达到或超过65%的亚洲国家，都渡过了工业化危险期。而没有达到65%的国家一旦出现政治动荡，结果都陷入了长期的动荡与停滞。由此，我们意识到，城市化率在发展中国家工业化、现代化进程中的意义。我们指出，城市化率是理解与认识发展中国家社会进程规律性的一个关键因素。我们的这一发现及解读，成为我们分析认识中国工业化、现代化进程规律性的重要参照。我们在许多涉及中国政治稳定、政治安全的研究报告中，经常引述这一观点并将其作为分析评估中国社会进程的重要指标。

（三）提出对策

策论的主要价值是提出解决问题的对策、方案。对策要建立在对情况的正确把握，对意义的正确解读，以及对解决问题的前提、条件、成本、时机等因素做出全面的比较分析的基础上，即要充分权衡利弊，最后提出切实可行的解决方案。策论中常见的问题是想当然、简单化。许多策论的作者没有实际工作经验，常常会提出所谓"书生气"的对策。这种"书生气"的主要表现是：

对于解决问题的前提、条件、成本和时机缺乏全面、深入的研究，以至于把现实中复杂的问题简单化，犯所谓主观主义的错误。在实践中，解决问题最重要的是要搞清楚：解决问题的前提是什么，需要什么样的条件，需要付出什么样的成本，以及解决问题的时机。前提、条件、成本、时机，是解决社会问题、政治问题的基本要素。这四个要素没有研究透彻，就提不出切实可行的解决方案。其中，特别是需要付出的成本和代价是什么，是否具备付出的能力以及是否值得等，是尤其需要透彻搞清的。搞不清这些，对策只能是纸上谈兵，空发议论。

社会适应性反应，是策论中需要高度关注的重要问题。这是一个政策学中深层次的理论与实践问题，也是影响对策水平、降低政策质量的一个主要问题。中国有句古话，法出奸生，令下诈起。在国家与社会治理领域，每当一项法律法规、政策措施出台，以及在实施过程中，必然会引起被管理对象行为反应。被管理对象要对管治的法律法规、政策措施进行规避与反制。这就是社会适应性反应（The social adaptive response），这是权力者与权利者互动博弈的行为。社会适应性反应会推高治理成本，影响与降低治理效率，进而引发新的治理问题。严重情况下，社会适应性反应会导致法律法规、政策措施的失灵失效。在每一项政策制定的过程中，必须预先考虑到政策措施可能引起的社会适应性反应，必须预计社会适应性反应带来的管理成本上升问题，必须对社会适应性反应做出应对预案。这是政策制定的必备程序和要求。没有对社会适应性反应预先的评估及对策，政策的实施就没有保障。社会适应性反应是现实中大量法律法规、政策措施无法落实的重要原因之一。

社会适应性反应甚至关系到国家政权的兴衰盛亡。中国历史上第一个中央集权的封建王朝——秦朝，曾盛极一时，希图传至万世。但仅仅存在了15年，便"二世而亡"了。汉初思想家陆贾在总结秦朝灭亡的历史经验教训时，就涉及了秦朝的严刑峻法引发了严重社会适应性反应的问题。陆贾在《新语》中写道："秦始皇设刑罚，为车裂之诛，以敛奸邪，筑长城于戎境，以备胡越，征大吞小，威震天下，将帅横行，以服外国，蒙恬讨乱于外，李斯治法于内，事逾烦天下逾乱，法逾滋而奸逾炽，兵马益设而敌人逾多。秦非不欲治也，然失之者，乃举措太众。刑罚太极故也。"（《新语·无为第四》）

美国历史上的禁酒令，则是法律引起社会适应性反应，最终导致法制失效的著名案例之一。1919 年，在教会和女权运动的多年推动下，美国国会通过了《宪法》第十八修正案，即著名的禁酒修正案。禁酒令实施后，民间第一个规避和反制行为就是出现了大规模酿制"私酒"的运动，酿制私酒运动助长了美国黑社会的兴起，黑社会兴起又进一步导致了贿赂官员和警察的大规模腐败浪潮。禁酒引发的社会适应性反应破坏了政府能力，解构了法治权威。在禁酒令颁布后的 10 余年里，美国社会要求取消酒禁的呼声日益高涨。1932 年，民主党人富兰克林·罗斯福参加总统竞选，他把开放酒禁作为其重要政纲。罗斯福当选后，推动美国国会通过了《宪法》第二十一修正案，废止了 13 年前通过的宪法第十八修正案。

三　策论常见技术性问题

策论作为一种特殊文体有一些常见的技术性问题。这些技术性问题解决好了，能够提高策论的写作水平。

（一）选题

策论的选题要从治国理政、经略四方的需要出发。不能是一般性的描述与分析，而是出于应对或解决重大政治、经济、社会问题需要的研究。我们常说，政治学是社会的"病理学"而不是"生理学"，政治学研究尤其是策论，要针对社会生活和政治进程的"难点、堵点、痛点"进行研究。

策论在选题时常常遇到"报喜报忧"问题。所谓"报喜",即策论中有一些是反映工作成绩,总结经验,表彰先进的内容;所谓"报忧"是发现和反映现实中存在的问题,发挥防范风险,纠正错误,改进工作的功效。一般来说,策论既要报喜也要报忧,但应以报忧为主。毕竟,策论不同于政论。策论要面对现实,更加关注社会政治生活中实际发生的情况与问题,关注与评估国家与社会治理中的"做法"以及实际效果。

(二)标题

周恩来总理曾对政策研究部门说,上报中央领导报告的标题一定要"触目惊心"。高层领导人日理万机,怎样引起领导人及相关部门的注意和重视,使反映问题的策论能在海量信息中"脱颖而出",上报研究报告的标题是个关键。一个好的、出彩的标题,往往意味着成功了一半。好的策论标题应具有三个特性:

一是,亮明观点。策论标题要"开门见山",最忌"范围题目"。不会写策论的人往往不加深入思考,随意使用范围性标题,比如"关于XXXX问题的建议"等等。这类题目只是显示出策论涉及问题的范围,而无实体性、实质性内容。这类题目毫无特色,无关痛痒。策论标题至少要让人一眼可见反映问题的主要内容,甚至是主要观点。因此,策论要尽量采用实体性的标题,尽量用标题点明问题,亮出观点与主张。1978年一篇《实践是检验真理的唯一标准》的文章引发"真理大讨论",成为中国思想解放运动的先声。这篇文章就源自一份内部研究报告。这个标题是策论乃至政论标题的典范。多年前,我们提交了一份标题为《防范"官商利益共同体"是党的建设中的重大课题》的研究报告。标题中引人注目地提出了"官商利益共同体"的概念,直接点明了领导干部亲属子女经商办企业可能导致的严重政治问题。这份报告标题就鲜明地点出了问题,表达了观点。

二是，揭示意义。我国正处于工业化、现代化进程中，社会正在发生前所未有广泛而深刻的变化，各种新情况、新问题、新矛盾层出不穷。反映各种现实问题的策论，必须从标题上就能体现出所论述问题的意义及重要性，否则就难免被淹没在海量信息之中。我们在浙江台州调研基层群众自治制度创新发展时，曾总结过温岭的"民主恳谈"制度，此前学术界已有不少研究。我们的调研报告意在指出"民主恳谈"将当时蓬勃发展的基层民主实践引向协商民主的价值，从而指出了其制度创新的重要意义。这份调研报告的主题和观点直接体现于标题：《发自草根的新民主——民主恳谈》。

三是，突出个性。许多策论是基于对一些地方和基层的典型调查，这类典型调查一般都具有鲜明的地域或行业特色。这类策论的标题应尽量体现出调研对象和反映事例的特色，个性鲜明的特色表达更容易引起注意。2006年我们受中央有关部门委托调研总结浙江义乌经济社会发展经验。义乌古来闭塞，贫瘠落后，历史上外界对义乌人的印象就是手摇拨浪鼓，走街串巷，做"鸡毛换糖"的小生意。改革开放激发了义乌人民的无穷干劲和创造力，义乌在短短20多年时间里，从穷乡僻壤发展为闻名于世的小商品制造加工基地，建起了世界上规模最大的小商品市场群。我们调研报告的题目是：《拨浪鼓摇出新天地——义乌的发展经验及其理论启示》。这个标题得到了好评，被认为十分传神地反映出义乌的今昔巨变和义乌人民的精神面貌。

（三）时机

策论的时机选择亦十分重要。许多策论的提出，迟了不行，早了也不行，必须恰逢其时，才能恰到好处。从时机角度看，主要是需要注意区分两类情况，分别把握不同的时机。一种是所谓"黑天鹅"事件，即突发的和陌生的事件，多为小概率的高风险事件。另一种是所谓"灰犀牛"事件，即可以预知的、确定性的事件，多为大概率的具有潜在风险的事件。

对于"黑天鹅"事件的反应和对策研究肯定要迅速及时，履行智库的快速反应职责。对待"黑天鹅"事件的反应与研究应具有相应的基础和学术积累，不是什么人都能对突发事件和危机做出快速反应的。要在一定积累和准备的基础上，迅速搞清事实，进行分析，抓住要害，提出对策。许多低水平的研究并非事件不及时而是没基础。对于智库及智库学者来说，对待"黑天鹅"要谨慎做出反应，没有一定的条件和准备，就只能算作获得了一次观察和学习的机会。但如果有基础有准备，就要争分夺秒，快速做出反应。

我们政治发展比较研究团队，在对国外政治发展的调研中，曾关注国外的监察制度问题，其中涉及公务员的财产申报制度问题。党的十八大后，党中央、中纪委十分关注中国的相关制度建设问题。有一次我们召开了国外公务员财产申报制度的学术研讨会。那天下午会议刚刚结束，有关部门就获悉召开这个会议的信息，来电要求我们于当晚报送材料。当时时间非常紧迫，但因为准备充分和具有研究基础，我们在两小时内就提供了相关材料，圆满地完成了任务。

对于"灰犀牛"事件的研究和策论的报送也有个掌握合适时机的问题。"灰犀牛"事件是可以预知的，但何时发布研究报告和报送材料应选择合适的时机。比如，2021年是苏联解体30周年，这是总结苏联和苏共的历史经验教训的重要时点。对于苏联解体的历史经验教训的新的研究成果，就应当选择这个时机发布和报送。又如，关系国计民生问题及对策的研究成果，一般应选择每年"两会"之前发布或报送，以供"两会"加以讨论。

（四）类型

策论写作有类型之分。有些人写不好策论，问题之一是没有类型的概念，常常混淆不同的类型。类型不清的情况下，写出的报告往往很混沌，主题和意图模糊含混，让人摸不着头脑。策论写作，一定要有明确的类型概念。首先要搞清楚究竟是要写一份什么类型的报告，这是策论写作的前提。

各国智库提交给政府及企业的策论大致分为三类：情况类、分析类和综合研究类。美国中央情报局是世界最大的情报机构，也是美国政府最为倚重的智库之一。美国中央情报局内部以及上报美国政府的策论报告明确地分为三类及三个等级：一是情报也称备忘录；二是专题分析报告，是一事一议的短篇报告；三是综合研究报告，是篇幅较大的研究性的报告。中国社会科学院是中国最大的智库之一，中国社会科学院的主要智库成果《要报》系列的上送报告大致也分为三类：信息情况报告、对策研究报告和意识形态研究报告。

结合我国智库通常的习惯，具体谈谈不同类型智库报告的特点：

第一，信息情报。信息情报是策论中的基础部分，即反映值得注意和重视的社会动向和事态发展的专题研究报告。

信息情报类的策论首先要具体，一般是以原发性的问题或事物为反映对象，越具体、越原生态越好。这样可以反映出新生事物或问题的最自然、最初始的状态，有助于政策部门和决策者从发生学意义上认识问题。信息情报类策论务求客观准确，最好是依据到现场观察调研的成果，而不是依据二手、三手材料编写材料。有一些人总是抱怨无人重视，报送无门。这涉及策论研究者、报送者的资质问题。策论被重视程度不仅取决于策论本身的质量，研究者的资质与水平也是重要相关因素。资深乃至权威学者与普通学者在政策部门与决策者心目中的权重不同，资深和权威学者可信度高，影响力大。因此，资历尚浅的学者更要努力钻研，亲力亲为，以提高自己在决策咨询圈里的影响力和话语权。

第二，分析报告。策论中分析报告是针对某一问题做出专门分析、评估与对策建议。分析报告一般应具备三个要素：情况简介、相关性分析、对策建议。分析报告一般是针对已经纳入有关政策部门和决策人视野的问题。首先，分析报告应对目前已知情况，包括事态进展和已有观察研究情况做出简述，并跟进提出当前形势及需要解决的主要问题。其次是相关性分析。科学研究在一定程度上是对影响事物的相关性因素的相关性，做出分析认识并对相关性加以排序。策论分析报告应对与研究对象有关的各个因素进行定性和定量分析，对相关问题上业已形成的各种意见进行分析和评价，即开展所谓的"讨论"。最后，在得出对于研究对象的相关因素的分析的基础上，并按相关因素的权重进行排序，提出相应的对策建议。

第三，综合研究报告。综合研究报告一般是关于某一重大问题研究的阶段性总结乃至最终的总结报告。这类报告要具有全面性、完整性、系统性，反映出对某一重大问题研究、认识的全过程以及结论。这类报告一般篇幅较长，结构完整。综合研究报告一般应包括：概述、形势、讨论、评估、结论五个部分。

概述部分，是对相关问题的产生、发展及性质、影响等做出明确阐述，以勾勒出研究对象的全貌及要素，使政策部门及决策者对问题形成全面准确的印象。

形势部分，是介绍研究对象所处环境以及受到的相关因素的影响，即将某一重大问题放到总体环境之下进行审视和思考，而不是就事论事的认知。这部分应特别指出影响事态的最主要的那些相关因素，即所谓的"边界条件"。

讨论部分，这一部分十分重要。认识事物总要有一个过程，这个过程即所谓"去粗取精、去伪存真、由此及彼、由表及里"的认识深化过程。综合研究报告应涵盖全部研究工作所涉及的认识过程，讨论认识过程中的正确与错误，对于认识过程中各种不同意见做分析评价，权衡利弊得失。这种探讨对于总结研究过程中的经验教训、进行学术积累具有重要意义。

评估部分，是综合研究报告的主体部分，要对影响事态发展的各个相关因素做出分析评价，正确解读事态的意义，准确指出影响事态发展的相关因素，或肯定或排除相关证据。总之，要清晰地刻画出事态发展轨迹的内在逻辑，明确地预见事态发展的趋势。

结论部分。综合研究报告最后要提出明确的结论，本质上是对影响事态发展诸因素的权重进行排序，最后确定一种可能或多种可能的概率。综合研究报告的结论要简单明确，切忌含混。有一些智库报告特别是年度研究报告，经常列出影响未来的"十大事态""五大趋势"，实际上这样的预见是没有意义的。"十大事态""五大趋势"本身就是一种不确定性，什么都说了，等于什么都没说。智库的策论、智库的综合研究报告必须有明确的结论。正确与否留待实践和时间检验。

第三节　文论写作

文论也即政治学的学术论文，是政治哲学和政治科学学术研究成果，是对政治价值观的研究与阐释，是对政治事物、政治实践、政治活动的规律性认识。学术论文通常发表于各类政治学及社会科学学术期刊上。撰写与发表各种学术论文是政治学学者创造政治学知识价值的本职工作。通过撰写与发表学术论文，政治学学者可以提高自己的科研能力和知识水平，并推进进一步的学术研究。

撰写学术论文也是政治学学者的基本功，是成为政治学学者的必备条件。从当前我国政治学界的现实情况看，学术论文被摆在政论、策论、文论三论中更为突出的位置，是为政治学学者特别是年轻政治学学者最为关注的，甚至是最为焦虑和倍感压力的。

我从事政治学的科研与教学工作已逾 40 年。在中国社会科学院政治学研究所工作期间，还担任过一段国内重要政治学学术刊物《政治学研究》的主编工作。根据这些经历与体验，我谈谈对政治学学术论文写作的看法。

一 学术论文标准：真问题、真研究、真成果

学术论文的标准本来是一个很简单的事，怎么还要提出来讨论呢？业内人士都知道，这是一个现实问题，而且是一个很大的现实问题，大到什么地步呢？这个问题大到了影响包括政治学在内的中国哲学社会科学的健康发展的地步。我想，对此大家心知肚明。

在我参与《政治学研究》编辑工作的那几年里，我们和编辑部的同事们常常为中国政治学的学术研究、为我们编辑的稿件的质量感到困惑与苦恼。慢慢地我明白了一些道理，让我们倍感困惑、苦恼的学术论文质量问题，可不是我们一家的事，而是带有普遍性的问题。学术研究的形式化、肤浅化，甚至虚假化的问题，已经成为危害中国哲学社会科学健康发展的顽症痼疾。我们的刊物，每年都收到大量来稿，这些来稿中多数真的谈不上是有所发现、有所发明、有所创造的学术研究成果，"为了发表而发表"的形式造作、内容肤浅的编造之作比比皆是。有的甚至根本就是作者自己头脑中臆构和编造出来的假问题、假研究、假成果。

为什么学术界、政治学界会出现这样的问题？原因当然是多方面的，一个比较直接和表面的原因是和我们现行学术成果评价体制有关，和与之相捆绑的现实利益有关。学术成果是科学研究实践的结晶，是创造性劳动的结果。创新是一种复杂劳动，成果具有偶然性、不确定性，正所谓可遇而不可求。但现在的科研管理是数量化的，而且和各种待遇、利益直接挂钩，每年要发表多少篇是有具体规定的，甚至指定发表论文学术刊物的"级别"。于

是，学术研究成果变成一种"订购"。不仅如此，由于各地区、各机构、各单位以及个人之间的竞争，这种人为指定数量、规定所谓"质量"标准的学术论文的量化指标严重内卷化，水涨船高、层层加码。结果手段变成了目的，本来可遇不可求的创新成果变成了可以批量生产的"大路货"。这就是我们的现状！因此，当下为了中国政治学的健康发展确有必要再次讨论一下学术论文的标准问题。

从概念上讲，学术论文标准只有一个，就是论文是否贡献了新知识。《政治学研究》编辑部曾了解过具有上百年历史的美国主流政治学期刊《国际政治科学评论》（*International Political Science Review*）的审稿制度和择稿标准。这家刊物审稿流程十分简捷，每篇稿子由三位审稿专家审议，审议要求就是一个，即要求审稿人指出此稿件是否具有创新性。如果有，就要求审稿人书面写出。我们认为，这体现了科学合理的审稿标准，是比较理想化的审稿流程。在《政治学研究》的编辑过程中，结合我国政治学界的现实情况，我们提出了政治学学术论文的"三真"学术要求与标准，即真问题、真研究、真成果。符合"三真"标准的，我们就认为它是一篇真正意义上的学术论文。

（一）真问题

真问题，是在历史与现实的社会生活中，那些需要从实践上解决，需要从理论上加以认识的政治问题。不同的时代，有不同的学问。当下的中国正处于工业化、现代化进程中，当代中国政治学的主要问题都与工业化、现代化进程有关，甚至可以说，都是工业化、现代化进程中产生的问题。因此，当今中国政治学的重要问题，学术研究的主要选题，研究工作的主要出发点、切入点，应当是中国工业化、现代化进程中的政治问题。抑或说，是中国改革开放以及政治建设、政治发展中的各种重要政治问题。工业化、现代化进程中的政治问题是中国当代政治学研究的主题。

学术研究的性质与价值，首先取决于研究对象是否真实的存在，这是学术研究的前提。若研究者选择的问题不真实，这意味着从开始研究就失败了。改革开放四十多年以来，中国大地上发生了人类历史上最大规模的、最为快速的工业化、城镇化、现代化、信息化进程，这在人类历史上堪称空前绝后。伟大的时代，给中国的政治学者提供了前无古人、后无来者的伟大机遇。当今中国的政治学领域犹如一片广阔的处女地，等待着我们去发掘、去开垦。在这样伟大的时代，面对前所未有的机遇，难道中国的政治学学者们还要自己去寻找和编造一些假问题吗?！世界的发展，中国的实践，为政治学研究提供了丰富的对象和素材，为繁荣和发展中国政治学提供了坚实的实践基础。但当前中国政治学的发展显然还没有达到社会的期待。阻碍中国政治学发展的问题之一，就是现实中存在着大量的假学术及其对学术资源的巨大浪费。

假问题，就是那些虚构的、人为的或重复性的研究选题。我们归纳了空洞化问题、"空镜子"问题和重复性问题三种常见的情况。

第一，空洞化问题。

有许多研究不是从实际出发，不是把历史与现实中实际存在的理论、实践问题作为研究选题，而是把自己臆构的问题作为研究选题。这类问题往往是逻辑上、观念中的问题，而在现实中并不存在，或是没有实际价值的问题。这类情况在比较政治研究和国际政治研究中更为常见。一些作者把一些国外事物与国内相关事物进行形式上的对比，以为这就是比较研究。但许多情况下，作者对国外情况并不了解，也没做实地调查研究。他们仅仅根据国外一些二手、三手资料，看看书，就确定了研究对象。这种把国外的一鳞半爪、一知半解的情况拿来作为比较研究对象的研究，常常搞出"乌龙球"，许多所谓的研究对象根本就是子虚乌有的。

空洞化还有一种情况，那就是有的作者搞出一些过于宏大、过于笼统的选题。这类选题往往大到无法把握，大到不能解。在实际研究中，研究者由于完全没有能力加以把握，于是对超越其认识能力的问题便给以肤浅的甚至是随意的论述，而根本无法形成具有确定性的认识。这种只能泛泛而论的议题，对于严肃的学术研究而言，也是假问题、假选题。

第二，"空镜子"问题。

第二种虚假研究，我们称为"空镜子"。即研究者提出的问题过于个性化。科研应具有个性化，而这种个性化应寓于普遍性之中，要以具有普遍意义的社会现实问题为基础。但有些研究者闭门造车，突发奇想地选择了存在于自己想象当中，而非在历史和现实中具有普遍性的问题作为研究对象。这种选题与研究，实际上是要以作者自设的诸多边界条件作为前提的，离开了这些边界条件，在实践中这些问题并不真实存在。这种研究好似作者在读者面前树立了一面镜子，读者只能在镜框内观察和思考，脱离了这面镜子是什么也看不见的。而实际社会生活和政治实践并非作者能用这面镜子进行框定的，现实是不能被这面虚拟的镜子所切割和取舍的。我们把这种不符合基本学术规范，强行设置规范和边界的所谓"研究"，称为"空镜子"。也就是说，如果读者用被广泛接受和符合规范的眼光审视这种论文，实际上什么也看不到，无法沟通，无从理解。这是一种带有"民科"嫌疑的所谓研究。

第三，重复性问题。

研究选题的重复性是一种十分常见的问题。许多研究与论文实际上是在重复前人的工作，相关的研究已经有了答案，这样的所谓研究成果就不再具有创新性。这种研究充其量是体验性的。重复别人的研究，把已经被解决的问题作为研究选题，这种研究也就成了假问题、假研究。

在做编辑工作的过程中，我们经常会遇到作者的问询。有时，他们会提出，自己的论文的选题虽然是热门，但自己的研究与其他已经公开发表的论文相比，还是有所不同或有所进步的。因此，他们认为这就不能算作简单地重复他人工作。我们是这样认识和处理这类问题的。我们认为：一个时期内学术界关注某一问题并出现诸多研究成果是正常现象。学术刊物在发表某一研究选题的论文后，一般情况下不会重复性地发表同一水平的论文，也是正常现象。有些新的作品会在一定程度上或不同角度上，与之前已发表论文有所不同，这种论文是否能够发表取决于其进步的程度，如果虽有一定新意，或观点提炼更加成熟，或论述更加简捷，或丰富了新的材料，但论文没有实质性的不同与提高，抑或说，原有论文只是一定程度上逊色于新论文。这就意味着，新旧论文基本上还处于同一水平。这种情况下，学术期刊一般是不会考虑刊发的。

物之初始，其类必丑。最初的论文会比较粗糙，不够精确，但基本内容如果具有创新性，具有新的知识贡献，则属于"原创性"作品。这类作品虽不够精致，但其价值远高于虽然精致却仍属同一水平上的后续作品。

上述三类问题，是当前中国政治学界学术研究中广泛存在的问题，应予足够的重视，应予纠正。政治学界特别是许多年轻学者在这类问题上浪费了大量学术资源，耽误了时光，更消磨了良好的学风。为什么存在这么多虚假的研究、虚假的"成果"？从根子上说，就是懒惰，就是试图不劳而获，就是不想耕耘却要收获。没有亲力亲为做过调查研究，没有长期深入钻研和积累，上来就写学术论文，是缘木求鱼，是自欺欺人。这也正应了一位领导同志对学界不良学风的批评，他说：许多研究实际就是拍脑门、找资料、编材料。这难道不是现在我们的一些学者搞所谓科研和写所谓论文的生动写照吗？！

（二）真研究

政治学研究的所谓真研究问题，既涉及政治学研究的价值问题，又涉及政治学研究的方法问题，即政治学研究过程及方法的专业化、标准化问题。

第一，具有学术原创性。

是不是真研究，研究成果、学术论文的原创性是试金石。我看过许多论文在形式上做足了功夫，旁征博引，穿靴戴帽，摇摇摆摆，洋洋洒洒，但是解决了什么理论与现实问题了吗？却是似有似无，若明若暗。这样的研究就不能算是真研究，因为它没有解决真实的问题，没有贡献新的政治学知识。在保障政治学研究的真实性方面，政治学的学术刊物应当发挥应有的作用。我们应当向国际政治学界的著名刊物《国际政治科学评论》学习，建立起保证学术论文创新性的审稿制度和标准，以创新性作为学术论文审议的首要标准和必备条件。我们应当树立这样的目标，坚定不移，扎扎实实地推动中国的政治学研究向这一目标前进。

第二，采取专业研究方法。

与政治学研究实体性的真实问题有关的是方法论问题。科学有效的方法是实现真研究的手段，是通向真成果的桥梁。

政治问题受到社会公众的普遍关注，政治问题属于公共论域。政治学科有别于自然科学以及社会科学某些领域，如计量经济学、考古学、语言学等。这些学科不具备专业知识的普通民众无从接触，而现实中的政治问题是公众可以从各个角度，甚至可以从个体经验角度涉及的领域。因此，本书前述中提及，不是研究政治问题都属于政治学范畴。就政治学的专业科研人员而言，政治学研究应使用专业化的工具，而不是仅仅运用泛化的或社会科学的一般方法进行研究。从严格意义上说，只有运用政治学的专业方法，达到特定标准一定要求的成果，才能被认定为政治学的研究成果。而现实情况和实际问题是，我国目前的政治学研究普遍存在着专业化程度不高的现象，这是当前政治学研究的短板。

当前政治学研究中大量借助经济学、法学、哲学、社会学等其他学科的概念和方法。尽管政治学研究不应该排斥使用其他学科的研究方法，但政治学如果没有本学科专属的研究方法、特定工具，则反映了学科发展与科研水平的欠缺。这种情况制约了政治学研究的深度和科学性。毕竟从其他学科直接移用的方法，对于政治问题的适配性和精准度远远不够。现在许多研究内容空泛、似是而非，不仅是因为学风问题，也反映了中国政治学缺乏专业化的研究方法和研究工具的现状。研究方法是在解决科研实践中产生的，政治学研究方法要在研究和解决政治学理论与实践问题的过程中摸索和创造。如今没有为政治学研究专属的研究方法，没有能够应对各类不同政治问题的专业研究方法，政治学研究就不能与其他社会科学学科比肩并立。在科研实践中创造发明专属研究方法，是中国政治学的当务之急，也是中国政治学发展的一项最为基础的工作。

(三) 真成果

我们在编辑《政治学研究》的过程中，经常遇到一种情况，即"无果之花"的问题。

何谓"无果之花"？一些论文，选题是真问题，也做了一定的研究，但没有形成成果，没有得出正确结论，更无新的知识贡献，是一种"半截子"研究。这类"开花不结果"的论文又可分为三种情况。

第一，认识肤浅，主观武断。

此类研究过于肤浅，而其结论往往主观武断。此类论文写作一般没有实际调研基础，基本上属于案头研究，多将文字材料，包括文件、文献、领导讲话、政府公文等存在于文本层面的各种说法，错当成了真实的事实以及现实中的实际做法。在关于政治学调查研究方法的讲述中，我们提及调查研究的4W法。政治学研究中对于研究对象，首先应做到：厘清事实，分析原因，解读意义，预测趋势。对某一特定问题的调查研究应完整涵盖这四个方面，缺一不可。

遗憾的是，一些论文的作者可谓"不三不四"，即根本分不清"说法、做法、想法"三种层次上的政治事实，甚至根本没有这方面的常识。这些作者在所谓研究中，根本不能把握4W，完全不能厘清事实、分析原因、解读意义，更谈不上预测趋势。只是把"说法"当"做法"，他们的研究从未真正进入现实之中。这种凭借主观想象编造出来的空中楼阁式论文，自然不会有任何有价值。

第二，自设命题，封闭论证。

另一种情况也是由于不正确的研究方法导致的。有些作者的研究，存在着自设命题、自我论证、循环论证的错误。这种论文的写作过程，首先是自设论题与结论，然后在现实中寻找那些支持自设的论题与结论的"一致性信息"。这种论文的写作方法，是典型的预设结论的自我论证，其谬误在于片面选择符合论题结论的资料，而完全忽视任何反诘和"不利"的材料与信息。这是一种伪科学的研究方法，致使研究变得毫无意义。

目前在自然科学以及工程建设中，"证伪"研究被广泛采用。这是科学的态度和研究方法。学术研究基于现实和实践而非人们的头脑。列宁说过，社会领域任何一个结论都可以找到支持它的论据。社会是多元，政治是复杂的，在政治学研究中获取的任何材料都应当经过谨慎的辨识，学术论文的论证与论据要经得起反诘、经得起证伪，不能轻信收集到的材料与证据。不要忘记"镜像思维"的认识陷阱，人们经常只能看到他们想看到的东西。

为推进政治学研究的学术水平、提高学术质量，政治学研究中应提倡辩论和学术争鸣。对于重大的学术问题、政策问题的研究课题应该有证伪研究。政治学学者也应培养自己的科学思维能力，进行科学思维训练，要敢于怀疑自己，善于质疑自己。只有这样才是真正的科学研究的态度，只有这样做才是真正科学的方法。

第三，问题精彩，结论缺失。

还有一些论文，选题很好，中间的分析认识也很有水平，应该说是一个精彩的问题，提出了有价值的选题。但是，从结果看却未能解决论文所提出的问题，未能得出最后的有价值的结论。这类论文给人以虎头蛇尾的印象，这是十分遗憾的。我们有时半开玩笑地称这类文章是"未完成交响曲"。

我曾经遇到这样一个典型事例。那年我应邀参加国家图书奖的评审工作。中国政府奖是我国出版行业的最高奖项，每次只评出十件作品。在我所在的分评审组"社会科学组"的上百部入围作品中，有一部著作引起了评审专家们的关注。这是一部研究我们古代社会性质的著作。在五四时期，对于中国古代社会性质有一个翻译的定名，即采用欧洲中世纪以分封制和采邑制为特征的"封建制"（feudalism）一词，以此来定名中国由秦至清的古代社会制度，称其为"封建社会"。但秦以降的中国古代社会与欧洲中世纪制度还是有所区别的。"百代多行秦政制"，中国自秦以后实行郡县制的行政体制，在社会制度方面最主要的特征是地主—自耕农的社会组织形式。这部著作深入详尽地分析论证了中国与欧洲中世纪的制度差别。评委们一致认同和高度评价了这部著作。但最后经过反复斟酌却没有推荐。原因何在？这是因为，虽然这部著作深刻指出在不同历史条件下的封建一词的区别，但却始终未能提出能够更为准确定义中国古代社会制度的替代概念。换言之，这部著作没有最终完成此项研究设置的问题。这是一个相当典型的案例，问题提出和分析相当精彩，但却未能最终得出解决问题的替代性方案。

二 影响原创性的主要问题

学术论文是学术成果的呈现形式，学术成果是学术研究获得的新知识。从这个意义上讲，每一篇学术论文都应当具有知识的原创性，即有新的知识呈现。然而，就中国学术界尤其是政治学界的现实而言，这样的标准与要求也许过高了，或可作为学术成果呈现及论文发表的高限，尽管从本意上讲这应当是"底线"。既然现实中，底线居然变成了高限，这个问题就有必要再专门探讨一番。

如果要给原创性的学术论文确定一个标准，我认为，原创性学术论文至少应满足三个条件：

第一，以政治现实及政治发展中具有重要意义的理论与实践问题，或与之相关的重要基础性理论问题，作为研究对象。

第二，研究导致新的理论性发现与概括，有新的政治学知识创造和增进。

第三，理论成果通过学术论文得到严谨、规范和清晰的表达与呈现。

我认为，不能同时满足这三方面条件的论文，就不具备学术的原创性。

当前中国政治学的突出问题仍然是研究及成果缺乏原创性，政治学学术成果的数量与质量存在巨大反差，真正具有创新性及新的知识贡献的成果还是太少。从学术研究视角看原创性研究成果短缺，我认为主要存在三方面的问题。

（一）选题偏差与学术共同体建设滞后

根据我多年研究政治学理论与实际问题以及编辑《政治学研究》获得的经验感受，现在政治学界大量研究选题来自个性化感受而非具有真实性的重要理论与实践问题，许多论文一望可知是来自作者个体的想象。在"为发表而发表"的压力驱动下，许多学者特别是一些年轻学者，从梳理政治学类学术期刊目录着手，观察学术界所谓的"学术动向"，再根据自身条件和兴趣确定研究选题，然后"六经注我"，"查资料，编材料"。选题失当，整体研究工作也就失去了前提，自然无法产出任何有价值的知识成果。

而在这类"想出来的题目"背后的一个深层次问题,就涉及了中国政治学学术共同体的发育发展问题。

学术共同体是科学研究的分工体系。学术共同体是针对某一研究领域和特定研究对象进行集中和持续观察与研究的研究者群体。在共同关注和专门研究的基础上,学术共同体形成专业化的知识生产体系。学术共同体对学科学术发展可以形成"排浪效应",在学术共同体中,学术问题的解决可以形成共识,并成为进一步深入研究的基础。学术共同体形成的学术积累,像潮水般地推进一个学科领域递进式的发展进步。

改革开放以来,与政治学相邻的三个"补课学科"——社会学、法学乃至国际政治学当中,这种学术共同体推进学科发展的"排浪效应"十分明显。但政治学界则远远落后了。由于学术共同体发育迟缓,政治学学术研究缺乏交流、缺乏共识,结果造成学术研究"各自为战"的现象,一些重大问题的研究因无共识而原地踏步。每遇重大问题,学界便千舟竞发、百舸争流,但大都中流而返。因无学术共识与积累,则周期性地老调重弹,同唱"回旋曲"。没有学术共同体,个体化研究徒然浪费学术资源。这就是当下中国政治学界尴尬的现状。而若这一状况不能得到彻底改变,政治学在"四大补习生"中就只能处于落后状态。推进中国政治学的学术共同体建设,是中国政治学发展的当务之急。

(二)理论研究范式误区

当下中国政治学的学术研究中还有一个严重问题,即研究范式上的认识误区。政治学界普遍存在对基础性研究和应用性研究的理解错误及由此带来的分类错误。

在政治学界一提基础理论研究,恐怕许多人都会想到柏拉图、亚里士多德、马基雅维里、洛克等一大串古代政治学家的名字以及他们的著述。现当代政治学家,如托克维尔、亨廷顿、罗尔斯等更被学界所津津乐道。记得有一次参加国家社会科学基金项目评审，居然看到托克维尔的《论美国的民主》解读列于课题指南之中。对此我感到大惑不解，难道国家还要花几十万元课题费去请一个人再读一遍《论美国的民主》吗?!难道《论美国的民主》中有什么"达·芬奇密码"或"托克维尔密码"吗?!难道政治学要像"红学"研究《红楼梦》那样研究民主问题吗?!

这其中涉及一个严肃的、必须应当搞清楚的理论问题，即什么是理论研究，理论研究究竟是要研究什么。理论研究是不是就是研究过去的理论？在我看来，理论研究并非研究"理论"，并非意味着反复研读以往理论。政治学领域的基础性研究，恰恰是那些应用性研究、经验性研究。应用性研究、经验性研究中的发现与学术积累构成了提炼、归纳理论的基础。创新理论要从应用性研究、经验性研究当中来，理论要从对实际问题的观察研究中产生。从这个意义上讲，应用性研究、经验性研究是政治学的基础性研究。总之，一句话：理论研究不是研究理论，而是要研究现实。

再举一例，现在方兴未艾的廉政研究或称"廉政学"，可以算得上中国政治学领域为数不多的应用性研究。什么是廉政学？廉政学研究什么内容？我想廉政学不是，至少主要不是罗列古今中外思想家、圣贤智者有关廉洁、廉政问题的论述，那些论述大多属于伦理学、政治哲学。廉政作为政治学中的一个应用性问题，是一个政治科学问题。既然是科学，就是要找出事物间的因果关系，找到解决问题的具体方法，不是一般化的泛泛而论，不是道德说教。从现实看，当前廉政学之所以出现，很大程度上恰恰是因为那些道德说教以及政治哲学、政治伦理不能起到足够作用。如果人皆圣贤，就不需要制度、法律、机制、措施来规范、制约和监督人的行为了。廉政学的基础是什么？20世纪发展起来的行为科学、心理学，是廉政学乃至政治学研究的基础。廉政学要从人的心理和行为入手，从制度与法律对人的心理与行为的影响入手，研究规范人行为的制度、法律、教育等方面的相关因素，研究约束与激励人的廉洁行为机制等的问题。

现在是正确认识和把握政治学理论研究的时候了，要把政治学的理论从政治学术史、政治思想史中解脱出来，变成一门真正的政治科学、行为科学。只有这样，才能从方法论的角度提升中国政治学学术研究的原创性。

（三）"知识整理型"论文

当下中国政治学研究中存在着大量"知识整理型"研究以及"知识整理型"的论文。当下很多学者对现实问题、实践问题的接触和理解存在局限性，学术视角和学术思维被限制在对过往知识的再梳理、再发掘、再论述当中。这类研究成果如果没有重大的发现和推进，就变成了一种旧话重提，虽在知识传承上有些许意义，但是创新性、时代性不够。

学术论文如果没有颠覆在同一领域、同一问题上人们以往的认知，而仅仅是一种完善或精致化的论述，那么这类论文实际上至多算得上是对已有知识的重新整理，至多是将老知识做出新的排列组合。这类研究结果只是已有知识的形式上的变化，而非实质性创新。因此，这类研究是不具备原创性、创新性的。

从研究过程看，这些论文并没有提出具有实质性意义的新问题，而是试图更换视角，做出所谓"旧题新解"。这类论文对以往相关问题研究大多采取回避态度。一些作者无视已有研究成果，挖空心思地新设逻辑起点和研究视角，按照自己设定的前提、线索和思路，推演一番便得出了结论。这类论文中，根本看不到任何的反诘和驳论，甚至都没有什么讨论。这类论文的作者乘坐着自己设计的"直通车"直达彼岸。这种"自圆其说"的所谓研究是经不起推敲的，更经不起他人的质疑。这类论文的作者是一些"走路从来不回头"的人，他们思考问题只证实不证伪，从来不会反思和质疑自己。

从认知心理学角度看，这类论文被大量制造、编造，有着方法论以及认知心理方面的原因。许多学者对待学术研究，存在着心理上的证实性偏见。他们的研究往往是先验的，他们有一种不自觉的心理定式，即在研究工作开始之前就已经确立了某种信念、主张或观点。当事先具有信念、主张和观点后，他们在调研过程中，在收集和分析信息过程中，就会产生一种寻找支持已有信念和观点证据的倾向。他们会很容易接受支持自己信念和观点的信息，而有意无意地忽略否定性的信息，甚至还会花费许多时间去排斥、贬低与已有成见相左的资讯和观点。这种证实性偏见是中国政治学界存在大量无意义研究并形成大量垃圾论文的心理学因素。这也从一个侧面反映了中国政治学界缺乏学术训练以及科学思维欠缺的现状。

（四）就事论事的形式化论述

我们在审阅《政治学研究》稿件时，常常会见到一些"似是而非"的论文。见到这类为数还不少的论文，我们会苦涩地念一句王安石的诗："遥知不是雪，为有暗香来。"暗香是隐隐飘来的梅花香味，在诗歌里文学中，这是很妙的意境。但在政治学论文中，就让人哭笑不得了。这类论文涉及问题、分析方法以及部分结论虽有可取之处，但却浅尝辄止，流于形式。这类学术论文往往是就事论事，而未能就事论理，停留于现象层面的观察和经验层面的总结，没能提出新的理论命题，没有提炼出新的概念，也就未能产出新的理论知识。

中国的政治学研究，担负着重要的意识形态功能，具有建言献策的智库功能。政治学学术论文中相当部分是意识形态和大政方针的学术阐释。尽管可能有些学界同仁对此不以为然，但我本人还是高度认同这类文章的。坦率说，我也做了不少这类文章。但对官方意识形态与政策的解读、阐释并不等于肤浅，不能就事论事，更不能应付差事、草率了事。在我看来，这类论文实质上是政治语汇和学术语汇两种语言之间的"翻译"与阐发。因此，这类文章不是只讲"政治"，不讲"学术"，不能把政治与学术对立起来、割裂开来。应该称这类论文为政治阐释性论文。政治阐释性类论文，对于中国现实政治发展，对于沟通政界与学界、与社会，对于中国的政治社会化等，都具有重大意义。撰写这类论文是中国政治学界责无旁贷的责任与义务。只是许多学者尚不理解这类阐释性论文的内在机制与功能，没有掌握这类论文写作的要求。

政治阐释性论文具有两个功能：一是，将政治语汇"翻译"成学术语汇，变成学术界，特别是政治学界能够"听懂"的语言。换言之，就是发挥政治社会化的功能。二是，揭示政治语汇所蕴含的内在理论价值和实践价值。这是对政治语汇内容的进一步探讨和升华。如前所述，政治语汇是概括的、简约的叙述，是未经深入细致论证的表述。政治语汇中蕴含的道理需要做进一步的阐释才能更好地为社会所接受，为大众所理解。在有些情况下，政治语汇表达的内容是方向性的、观念性的，其内在机制和规律性尚有待于进一步深入认识和阐发。学术界的深入探讨和阐发，在许多情况下可以深化甚至巩固政界的认识，形成政界与学界的互动，推进意识形态和学术的相向而行。在这层意义上，学术界不仅不应当妄自菲薄，反而应该意识到自身担负的责任，扮演好自己的角色，发挥好自己的作用。

进入 21 世纪以来，中国的民主政治经过长期的探索，反复实践，逐步形成了民主的中国道路、中国模式。在政治语汇中，中国民主政治被概括为"三统一"模式，即党的领导、人民当家作主和依法治国的有机统一。"三统一"是典型的政治语汇，它概括和反映了中国民主政治的结构、功能与特色。但这种政治语汇究竟如何理解、如何认识，则是需要做学术探讨的，需要用学术语汇加以科学的阐释。而这种阐释不能停留在简单的翻译上，不能仅仅停留在用学术语汇对政治现象做出描述，而是要进一步揭示出中国民主政治的内在规律与价值。通俗地说，就是不仅要让学界和公众对"三统一"模式知其然，还要让学界和公众知其所以然，帮助学界和公众了解和理解民主的中国道路。

我们在关于民主问题的研究中，特别是在做国外政治发展的比较研究中，对中国"三统一"的民主模式进行了大量学术研究。比如，关于"党的领导"与"人民当家作主"的关系问题，我们从发展政治学的角度进行了深入的探讨。在工业化阶段的政治运行中，"人民当家作主"的主要含义是保障人民权利，而"党的领导"则意味着集中国家权力。保障人民权利与集中国家权力的双重机制，可以保证中国这样一个发展中国家在工业化进程中，在社会结构发生急剧变化的时期，形成对于各个社会群体的"生产性激励"，即允许和鼓励各社会群体通过生产活动、经营活动、创造性劳动，实现社会流动，获取利益；同时中国的民主政治，还可以在工业化阶段，避免形成"分配性激励"，避免社会群体通过集体政治行动，通过争夺社会权力斗争，获取优势地位和社会利益。

我们的学术研究揭示了中国的民主政治在现阶段实现"生产性激励"和避免"分配性激励"的内在价值，揭示出了当代中国政治发展的内在规律性。"三统一"可以在发展中国家工业化进程中，调动各个社会群体的积极性、主动性、创造性，促进经济社会快速发展，同时又有利于保持社会稳定，防止社会结构急剧变动时期的社会冲突、政治斗争。在这些概念的基础上，我们还进一步提出了"权利与权力对冲"以及"生产性激励与分配性激励"等学术观点，继续从学理上揭示了中国民主"三统一"模式的内涵与外延、机制与功能。这些关于中国民主政治建设规律的学理性发现，不仅对深化民主的中国道路认识起到了学术促进与支撑作用，还促进了民主政治研究的国际学术交流。我们用国外同行听得懂的学术语言介绍民主的中国探索、中国经验。事实上，这些学术努力在国际上产生了一定的影响，发挥了一定的作用。

三　原创性选题原则：历史、现实、比较

选题是科学研究的起点，它决定着科研的方向与价值。现在的问题是，政治学界的许多研究选题并不是时代性、实践性问题，诸多课题研究的选题并不蕴含创新性，后续的科研工作很难取得创新成果。提升中国政治学研究的原创性，建立中国政治学学科体系、学术体系、话语体系的首要任务，就是要提升中国政治学科研选题的创新性，要让中国政治学真正成为时代的学问，要让中国政治学能够更好地为中国工业化、现代化事业贡献新的政治学知识。

如前所述，提升政治学科的整体创新能力和创新水平，学术共同体建设起着至关重要的作用。政治学学术共同体建设是提升中国政治学学术原创性的根本之道。但学术共同体的建设与发展，绝非一朝一夕之事，堪称任重道远。在积极努力推进中国政治学学术共同体建设的同时，我们还要关注政治学学者特别是年轻学者的学术研究的范式，要推动政治学学者从个体层面，努力提升研究领域、研究对象选择的科学性、价值性。尤其是对于广大年轻科研人员而言，提高科研选题的科学性、价值性更为重要，这涉及中国政治学发展的整体效率问题，年轻一代科研工作者选择高价值科研选题、科研发展方向，把有限的精力和学术资源投入正确的科研方向上去，才能事半功倍，取得更大更多的收益。

针对当下政治学学科领域科研选题中存在的诸如跟风选题、扎堆选题、随机选题等问题，我认为，科研人员在个人科研选题方面需要重点考虑三方面的因素：一是，关注那些历史进程中尚待解决的问题；二是，关注现实中亟待解决的理论与实际问题；三是，在比较研究中发现新的视域和新的问题。

(一) 从历史延续性中选题

冯友兰先生在中国哲学思想史的研究中曾有个提法："照着讲"和"接着讲"。冯先生说，哲学史家是"照着讲"，如康德、朱熹是怎样讲的，你就照着讲，原原本本地介绍他们的思想。但是哲学家不同，哲学家不能仅限于"照着讲"，它要反映新的时代精神，要有所创新，冯先生将之称为"接着讲"。那么，政治学学者应该怎么讲呢？我以为，今天的政治学学者要"讲答案"。在政治进程中有许多理论与实际的问题、难题，前人发现了这些问题但未能解决或未能完全解决。当代政治学学者应结合新的时代条件，重点研究和解决那些需要"接着讲"的问题并给出答案。研究和解决历史进程提出而尚未解决的问题，是当前具有重要价值的科研选题。

(二) 从政治实践问题中选题

现在人们常说要"做时代的学问"，什么是时代的学问？时代的学问就是政治实践中产生的新问题，这些问题来自社会发展进程，来自实践，亟待解决。从当下中国政治现实看，快速发展变化的社会进程，会把那些需要解决而尚未解决的问题变成更多更大的问题，以至于会拖累时代前进的步伐。在这方面有个很形象的说法。有一次，一位中央负责同志来中国社会科学院布置科研课题，这位负责同志要求社科院的科研选题一定要对准那些党和国家工作中的"难点、痛点、堵点"。这三个"点"，给我留下了很深的印象。我认为这三个"点"，就应当成为当下中国政治学学者重点关注的问题，应当去发现这些问题，把这些问题确定为政治学研究的重点选题。

(三) 在比较研究中发现新选题

比较政治研究是当今中国政治学发展的重要方向。在很大程度上，比较政治学对于中国政治学来说，这个学科本身就是一个新的时代课题。在全球化的时代，中国在发展、在崛起，世界与中国、中国与世界日益紧密联系在一起。中国的发展日益具有世界性。第二次世界大战后，美国崛起成为世界头号强国，于是产生了以塞缪尔·亨廷顿为代表的一代有世界影响的国际政治、比较政治的学者。今日之中国也来到了这样的历史进程之中，比较政治学这个分支学科应当成为中国政治学学者关注的重点。比较政治学可以大大开阔政治学乃至整个社会科学以至全社会的视野。在差异性中发现问题，在重复性中寻找规律。比较政治学研究将为中国政治学学者开辟学术研究的"新边疆"。

四　学术论文常见技术性问题

在阅读和审阅政治学学术论文时，经常会见到一些影响文论质量的技术性缺陷。一些内容原本不错的论文，因技术性缺陷而降低了质量，是一件很遗憾的事情。这类问题应引起学界的重视，政治学学术共同体应该将这类问题纳入视野，通过学术共同体内部的交流和切磋，提高政治学论文写作质量，尽可能完美地呈现政治学学术成果。根据我个人的经验，谈谈政治学专业学术论文常见的一些技术性缺陷问题。

（一）范围标题还是概念标题

在策论部分曾谈到策论的标题问题，策论标题总体上要求鲜明且具有冲击力。学术论文的题目问题要更为复杂。政治学研究领域宽广，各个分支学科和领域情况千差万别，反映到论文题目上也是多姿多彩，各有千秋。但学术论文依然存在"范围题目"与"概念题目"的问题。一般而言，学术论文也应采取"概念题目"而不宜采用"范围题目"。

范围题目，首先带来的问题是给人以一般化的感觉，不能在第一感觉上吸引编者或读者的注意力。其次，论文使用范围题目，在一定程度上显示出作者对所研究问题的理解、概括和提炼尚有不足，尚不能准确精当地将论文中心思想提炼为一个概念或论断，即运用核心概念或论断集中表达论文的主要内容与理念。论文中概念与论断提炼的程度，可以反映出作者的思想深度和认识成熟度。因此，学术论文也应尽量使用概念性的、论断式的题目。

生动性，也是论文题目的一种要求、一种境界。学术论文未必要用冗长的、单调的标题。生动的标题同样可以为学术论著、学术论文添光增彩。2021年10月，中国人民大学重阳金融研究院撰写的重要文稿《美国民主十问》。在修改的最后阶段将标题略作改动，将"十问"提前，改为《十问美国民主》，这一语序的改动使得标题生动有力。在这里"十问"是个动词性的词汇。一般来说，在语序中动词打头或动词提前，会使语言和文字显得生动。

（二）综述还是复述

按照论文的学术规范，各种学术期刊上发表的学术论文开篇都要有一个学术综述，写明本文研究领域中学术进展的情况。但我国政治学论文的学术综述应该说比较普遍地存在名实不符的问题。一位在美国任教的华裔学者曾对我讲，国内政治学论文的学术综述大多不合格，他建议政治学界就论文的学术综述写作进行专门培训。

我国各政治学学术期刊发表论文的学术综述存在的问题，一言以蔽之，是这些学术综述与其说是"综述"，还不如说是"复述"。翻开一篇篇学术论文，写在前面的学术综述大多是对相关学术问题的复述，援引罗列相关学术观点、学术资料，且平铺直叙，有的篇幅很长，与论文主体部分不相上下，大有喧宾夺主之势。

为什么要做学术综述？学术综述的主要目的是说明论文研究领域的研究状况，为本文的研究设定背景与起点。正确的学术综述，首先，应对同一领域、同一论题以往的学术研究，尤其是已经取得的主要成果做出概括；其次，对于以往的研究成果做出评价，指出已经解决的问题和尚待解决的问题以及学术研究的难点问题；最后，简要说明以往研究与本文的关系，确定本文在以往研究基础上继续前进的逻辑起点。学术综述的价值在于对以往相关研究进程的评价，而不是对以往学术成果的介绍。如果把综述写成了对以往学术成果的介绍，那就不是综述而是复述了。学术综述应当尽量简约，涉及的所有问题无须展开。学术综述的水平体现为作者对以往学术研究的精准的认识。我认为，从篇幅看，一篇1.5万字论文，前面的学术综述部分应在2000字以内，如能1000字解决问题则最好。

（三）谋篇布局失衡

学术论文篇幅上的结构失衡是现在学术论文写作中比较普遍的现象。特别是一些年轻学者写的论文，常常是各个部分长短不齐，内容畸重畸轻。以一些现在常见的总结归纳我国工业化、现代化进程新生政治现象的论文而论。这类论文关注我国改革开放、政治建设、政治发展中出现的新问题、新情况，梳理经验，提炼启示，本是有意义的。这类论文常常以"XXXX的经验与启示"为题，论文结构一般分为四个部分：第一部分学术综述，第二部分情况描述，第三部分总结经验，第四部分提炼启示。而从篇幅上看，一般情况是第二部分最多，以大量篇幅介绍事实以及实践中的实际做法，因为这一部分往往有当地材料作为基础，内容比较充实，问题主要出在第四部分，探讨实践启示涉及研究对象的普遍意义和价值，往往只是勉勉强强的三言两语，权且充数，草草了事。

我现在还很清晰地记得曾经审阅过的一篇讲"经验启示"的论文。此文9000余字，介绍基本事实与做法的第二部分，几乎占到全文的一半，超过了4000字；总结经验的第三部分却仅有第二部分的一半，2000余字；而谈启示的第四部分居然只勉强写了1000余字。在清样上，第四部分仅占了半页纸，留下半页纸的空白，很是难看。从现代汉语的词法上讲，"经验启示"属于并列词组。既然是并列词组，在内容、分量上就应该相仿，但"经验"

与"启示"两部分的实际篇幅却是2∶1。这至少从形式上看就很不平衡、很不对称。这是一篇比较典型的论文写作谋篇布局失衡的案例。

为什么许多论文会在谋篇布局上出现明显的结构失衡？说到底，是研究不够深入、认识不够成熟，对于所研究的问题浅尝辄止。中国工业化、现代化进程出现的大量新现象、新问题是政治学应当关注的重点，政治学应该随着社会发展历程记述时代前进中的探索与进步、经验与教训，从中发现规律、提炼理论。但这种观察与认识不能是表面化的，不能停留于现象层面，更不能只有观察没有思考，没有对现象背后的动因、条件、机制、规律的深入研究与认识。如果仅仅停留于表面现象，则无法提供新知识，更谈不上理论创新。而依据表面化认识、片面认识，根据一知半解炮制论文，就会表现为文章的长短不齐、畸重畸轻。

（四）话语体系混淆

在前面讨论政论和策论时，已经涉及不同文体的话语体系问题。政治语汇、学术语汇和生活语汇是社会生活中的三大话语体系。社会生活是三种话语反映的共同对象，但由于承担的功能不同，反映社会生活的角度、侧面不同，话语抽象的程度与层次不同，故而形成了不同的话语体系。政治语汇主要反映政治实践、政治事物，学术语汇是科学研究中的认识与交流工具，生活语汇是日常生活中人们交流的工具。三种话语体系运用的场域不同，三种话语体系对应于不同的文体。

某一文体中出现不同类型话语，属于特殊情况。如政论中出现口语化的表达，多数情况是直接引述权威人士的原话。有些学术论文中出现口语化表达可以增加语言的生动性，但这只是在少数场景下活跃文风的需要。

在学术研究和学术论文写作中，肯定要运用规范的、为学术共同体通用的学术话语。但我们经常可以看到学术论文中出现大量的政治语汇、生活语汇，这种不同类型话语混用现象显得突兀、违和。学术论文中出现政治语汇和生活语汇反映出两种情况。

一是，学术论文中使用政治语汇混淆了两类话语的功能。政论中使用政治语汇多为观念的宣示，而学术话语往往是对政治理念的深入阐释。学术话语做的是辨理求是、论道启真。大而不当地使用政治语汇容易引起误解，甚至给人以装腔作势的不良感觉。在学术论文中大量夹杂政治语汇会严重减弱学术论文的科学价值。

二是，学术论文中使用生活语汇，用大白话讲理论，是认知未能达到理性高度的表现。学术研究体现了研究者对社会生活、社会现象的理论思考，是说事论理，揭示社会现象背后的问题与矛盾。理论是对现实的观念把握，透过现象看本质必须使用科学的概念与逻辑工具。生活语汇一般情况下并不具备概括把握现实的能力，至多是对社会现象的描述。在学术论文中大量使用生活语汇，有从理性思维退回感性思维之嫌。

（五）选题扎堆

现在学术期刊投稿中，选题集中现象比较普遍。这也是困扰学术期刊编者和作者的一个问题。比如，我们在《政治学研究》的选稿和编辑过程中发现，近十余年来随着政治学、公共管理学研究的中国化转型，中国的问题得到了越来越多的关注。这本是可喜的现象，但随之而来的就是选题扎堆现象。近年来基层治理和基层管理研究成为热点，投稿相当踊跃和集中。再如，"两类文章"的问题。为加强政治学的意识形态功能，现在国内政治学期刊大多开辟"两类文章"专栏，于是也引发了投稿热潮，一时间"两类文章"纷至沓来。但这类投稿质量参差不齐，甚至不少是政论文章。这些情况都造成了学术资源的浪费。

造成选题扎堆现象的原因主要也有两个：一是，部分学者跟风追热点。这种现象特别集中于一些意识形态选题和"两类文章"方面。一些论文没有学术含量，只是追随政治正确，旧话重提，老调重弹。这样的文章涉嫌学风不正，自然也很难被采用。二是，部分学者特别是一些年轻学者尚未形成自己擅长的研究领域和学术专长，或凭借兴趣随意选题。对于这部分学者而言，还是应该扎扎实实认真学习钻研，在科研实践中逐步形成自己所擅长的研究领域及学术专长。从长远看，追逐学术热点反而有可能会耽误自己学术的发展与成长。

（六）低价值狭小论题

低价值或狭小论域选题问题，介于技术性与实体性问题之间。这也是当下政治学领域并不少见的问题。在编辑学术期刊过程中，时常看到这样一类论文，如果按"三真"标准，这些论文可以算得上真问题、真研究，也取得了真成果，但论文的学术价值、实用价值并不高，论域过于狭小。这类论文一方面考验学术期刊编辑的学术眼光，另一方面确实会使编辑者十分纠结，难以取舍。

我们认为，造成诸多低价值和狭小论域问题的原因，主要在于可研性问题方面。尤其是在政治科学领域的选题中，一些具有重要意义的宏大选题，往往也是复杂问题。囿于研究条件、方法和能力的局限，这类问题难于研究，难于取得成果。如果长期专注于这类问题的研究，甚至会有一定的风险，可能会浪费掉时间和有限的学术资源。总之，研究的不确定性会让一部分学者望而却步。在这种情况下，许多学者宁可选择可研性好的题目，而可研性好的题目往往就是论域狭小和小样本的研究。

如何看待论域狭小或小样本研究？我认为不应采取一概排斥或歧视的态度。理论是对普遍性的揭示。如果一种因果关系被揭示而它具有普遍性，那么这就是理论。因此，不能说个案、小样本研究中不能发现真理，不具有价值。一方面，许多原创性的理论发现恰恰是从个案或小样本研究开始的。但另一方面，选择狭小论域及小样本问题作为研究对象，又确实应慎重考虑其研究的价值问题，要认真评估其研究的潜在价值。如果样本虽小，但其间可能蕴藏大问题，像当年费孝通研究"江村"，以及后来他的名篇《小城镇大问题》，都是以小见大，从小论域开始最后得到了大发现，就是非常有价值的。而如果不是这样，仅仅是因为可研性好，甚至是为了发表而发表，找一些冷僻偏门，那就是不可取的，就是不良学风。

就当下中国政治学学术发展的总体情况而言，原创性的研究和成果远远满足不了中国现代化事业和政治建设发展的实际需要。从国内政治学学术论文发表的情况看，有"三多三少"现象：综述评论多、案头研究多、推理演绎多，田野调研少、国际比较少、归纳提炼少。学者们写进论文里的事物，许多是他们从来没有亲眼所见的，他们也从来没有进行过实地调查研究，而是从书本上看来的，或是转述别人的意见。"纸上得来终觉浅"，"事非经过不知难"，"百闻不如一见"，这些中国传统格言在今日之中国政治学界还是很有现实意义的。

当今是探索、发展、变革的时代，是实践走在理论前面的时代，也注定是一个能够产生原创性理论的时代。在这样的时代，观察重于推理，归纳重于演绎。当今时代，注定是向实求学的时代，是"脚底板做学问"的时代。

原创性研究成果，是对社会政治事物认识的提升，是对政治规律的发现和认识，是对重大社会问题、政治问题的解决方法。原创性的学术研究及其成果，意味着从无到有、由浅入深，意味着有所发现、有所发明、有所创造。原创性研究不是简单地转换研究视角，不是从别人的旧知识中整理、演绎出新观点。所以，《红楼梦》属于原创，红学不属于原创。《论美国的民主》是原创，托克维尔研究不是原创。

第五讲

政治学学者是怎样"炼"成的

政治学学者是政治学研究的主体。当今中国政治学学者特别是他们中的年轻一代,肩负着建设和发展中国政治学的历史重任。政治学要随着政治实践而发展,政治学学者要在政治学研究实践中成长。勤于实践,善于总结,是政治学学者成长的不二法门。

第一节 自我甄别:基本素质

中国社会科学院政治学研究所招聘科研人员面试时,我会提醒应试者慎重考虑他们的职业选择,我会告诉他们在专业科研机构从事研究工作具有一定的职业风险。做社会科学研究工作,对于许多人来说,很可能会一事无成、一辈子晃荡。专业化乃至职业化科研工作的价值,在于有所发现、有所发明、有所创造,在于取得原创性学术成就。原创性学术成就的取得,在很大程度上是一件可遇不可求的事情。除了需要一点运气外,研究者的天赋是从事专业科研工作和取得原创性科研成果必须具备的条件。梨园行里有句行话:祖师爷赏饭。在我看来,每一位有志于从事政治学专业研究的年轻人,在做职业选择的时候,首先要自我甄别一下,看看自己是否具有从事科学研究所需的心理素质,即所谓的"天赋"。

一 科学思维：三种认识能力

政治学学者的天赋，主要指是否具备与科研工作相匹配、相适应的心理素质，而这种心理素质则主要是指是否具备科学思维能力。

什么是科学思维能力？在不同行业、不同领域，科学思维的概念会有所不同。这里所说的科学思维，是我在科研实践和培养科研团队的实践中，观察和总结出的政治学学者应具备的科学思维能力。在我看来，政治学学者最重要的天赋是具备三种认知能力，即认识事物潜在前提的能力、认识事物之间潜在联系的能力、认识事物内在矛盾性的能力。

科学思维是一种内化的认知倾向及模式，这是一种在很大程度上由为数不多的人所具备的天然能力。根据认知心理学的研究，好消息是这种能力是可以后天培养的，坏消息是这种能力很难培养。从事科学研究，特别是从事政治学研究必须具备这种能力，不具备科学思维能力或能力薄弱，就不大可能做出成绩、取得成就。

（一）认识事物潜在前提的能力

任何事物的存在、发展都是有前提性条件的。事物存在、发展的前提性条件在多数情况下是潜在的，而不是显化的。具备科学思维的人遇到事情或解决问题时，会自然地想到事情与问题的潜在前提，而不是首先考虑事情本身。这是一种自然的心理倾向和思考方式，这就是科学思维。

在生活中，人们会常遇到这种现象，有人非常轻信，很容易上当受骗。这种人总是相信各种传言、流言，听风就是雨。这种人一事当前，会首先关注事情与自身关系，并根据生活经验和个人好恶做出评判。这是一种主观性很强的认知模式。而具有科学思维的人，一事当前，会首先考虑事情的前提与事态的背景，考虑事情存在、发生的可能性，然后做出判断。

新冠肺炎疫情发生后，网络上流传着一段马克思关于流行病与资本主义关系的论述，似乎很有预见性。许多人信以为真，到处转发。但有人则对此段论述的真实性持怀疑态度。这个流言中说，马克思的这段1876年的语录出处在"《马克思全集》第三卷232页"，有人会去查查出处，显然在中文出版物里根本就没有《马克思全集》，有的是《马克思恩格斯全集》。而《马克思恩格斯全集》第三卷是马克思写于1844—1846年的《德意志意识形态》，其中根本没有相关内容。

再举个政治学方面的例子。关于民主，选举等于民主的观念在西方十分流行，在中国也有不少人执此观念。那么，这个观念对不对呢？选举能否与民主画等号？这里就有一个潜在前提的问题。人们在表达自己观点进而开始争论之前，首先应该搞清楚这个命题的前提。这个命题是具有一个潜在前提的，这就是：选举是公民个人意志的自由表达。如果选举是公民个人意志的自由表达，那么民主就在很大程度上可以与选举画等号，如果没有这个前提，这个命题就不成立。

2005年，中国国务院新闻办公室发布了首个关于中国民主政治建设的白皮书《中国的民主政治建设》。白皮书发表后，在国内外引起广泛关注。美国驻华使馆派一秘来中国社会科学院政治学研究所访问，我接待了这位美国外交官。在交谈中，我讲到，美国恐怕不认同中国的民主。那位一秘女士问道：为什么？我说，因为中国没有美国式的竞争性选举。一秘马上说：不对，选举仅仅是民主的一种形式，而不等于民主本身。我笑道：这可是你说的？！你说得很对。希望你这个观点能够代表美国的官方立场。看来这位一秘女士头脑很清楚，具有发现事物潜在前提的能力。事实上，在美国式的竞争性选举中，选民的意志在很大程度上是受到美国的利益集团以及竞选人的各种手段深刻影响的，美国的政治社会化过程是深受利益集团通过其控制的传媒影响的。选举的民主、公开表象背后是钞票对选票的影响甚至控制。所谓选民的个人意志在很大程度上是被塑造的。

作为科学工作者、政治学学者，一定要具备思考和发现事物潜在前提的能力。这种思维能力的一个外在表现，就是孔子说的"百事问"。凡是具有科学思维的人都有一个明显的特点，就是总爱问为什么。他们总是显得"看山不是山，看水不是水"，他们会经常提出反问。以绘画做个比喻，不具备科学思维或科学思维薄弱的人，总是把事物看成静止的，而具备科学思维的人，会注意观察对象的周围环境，会考虑观察事物的缘由，考虑为什么会在这个时候、这个地点看到这个事情。总之，具有科学思维的人一般不会仅仅从表面上看问题，而是注意观察和思考事物的来龙去脉，习惯于从发生学意义上进行观察与思考。

（二）认识事物之间潜在联系的能力

世间万事万物相互关联，彼此之间有着千丝万缕的联系，没有任何事物是孤立存在的。要认识世界，要研究政治，就要从事物的联系中、从事物的互动中认识事物。具有科学思维的人，着眼于从事物关系网络观察事物，换言之，他们具有发现相关事物之间潜在联系的能力。在商界，把这种能力称为"商业感觉"（business sense）。

我在浙江做了多年的调查研究，曾在温州市乐清市柳市镇做口述历史研究，探求浙江工业化、城市化进程中"人的现代化"，记录大变革时代的"心灵史"。在这个过程中，我接触了许多民营企业家。他们的足迹遍及大江南北，视野开阔，见识宽广。与他们谈到北京时，他们总是说，北京机会遍地。他们特别怀念20世纪八九十年代的北京，说那时遍地是钱，俯身可拾。我跟他们开玩笑说，北京大街上干干净净，我怎么从来没有捡到过钞票？当然，我知道他们所说的金钱铺地实际上就是一种商业感觉，这些企业家善于发现隐藏在寻常生活下面的无穷商机。我的一个访谈对象，他20世纪80年代来到北京，那时北京人时兴穿羽绒服，但国内市场已经饱和，他便在北京天桥做起了服装贸易的"国际倒爷"。他看到北京中产家庭重视子女教育，便把乌克兰钢琴顺便带回国内。90年代私家车进入中国人家庭，他马上转行开起了4S店。21世纪中国城市房地产大开发，他又跟进房地产。几十年来，他总能捕捉到商业先机，总能领先一步。

做政治学研究更需要敏锐的观察能力。我们在东南亚做政治发展比较研究时，当地华商群体是我们关注的一个对象。在东南亚，华裔富商是非常成功的群体。对于华商在东南亚地区的成功，普遍看法是华商勤奋节俭、精明能干和善于经营。我们在泰国调研时注意到一个细节，泰国商界的首富他信，曾出任过泰国总理。但他信本人并不喜欢人们称他总理，而是希望人们叫他"他信少校"。据说他的这个少校警衔还是捐来的。为什么堂堂一国总理、商界领袖最为在乎的头衔竟是区区少校？这就是个问题。我们还联想到在印度尼西亚调研了解到的当地华商的情况。印尼首富林绍良也是华裔商人。他早年支持苏加诺等军人抗击荷兰殖民者，与印尼政界强人苏哈托等也有极深的渊源。苏哈托当权后，为转移印尼国内社会矛盾，时常掀起惨烈的排华浪潮。但以林绍良为代表的华商富豪照样在印尼大行其道，从未衰落。

这是为什么呢？随着调研深入，我们了解到，以泰国为例，至少从拉玛五世朱拉隆功推行改革以来，泰国统治集团一直在推行政治、经济分治的治国方略。在经济上，高层统治集团扶持华人、华商，同时对主体民族经商加以一定限制。另一方面，严格限制华人从政，公务员、军队、警察都排斥华人参加，更排斥华商参与政治活动。高层统治集团有意制造外来华商与本土族群相互制约的格局，以维护其统治稳固。由此，我们明白了，原来华商取得卓越的经济成就、社会地位，除去众所周知的表面原因，更是与当地政治有关，与东北亚国家统治集团的特殊统治术有关。在这一发现基础上，我们提出了"政治家政治"与"企业家政治"的概念，这是对东南亚地区国家政治权力结构得出的新认识，是新的理论性概括。

（三）认识事物内在矛盾性的能力

任何一个事物都是有内在矛盾的，都存在内部张力。政治活动要解决问题、化解矛盾，需要在事物内在矛盾双方甚至多方之间，在各种张力之间，进行调节、取舍和平衡。这是国家与社会治理活动中政治权力运行的基本模式。事物内在矛盾性意味着事物的复杂性。政治学研究的大量工作就是研究事物的内在矛盾性，研究事物的复杂性。优秀的政治学学者从不简单地看问题，从不概念化地理解问题。政治学学者眼里没有童话世界。

但并不是所有人都具有观察理解事物内在矛盾性的能力，事实上大部分人习惯于简单化地看问题。简单化看待问题的社会表现就是阴谋论的流行。为什么有那么多人轻信谣言？为什么庞氏骗局永远能够得手？为什么社会上总会流行着形形色色的阴谋传说？其中重要原因，就是人群中具有科学思维的是少数。如今相当流行的网络诈骗以及各式各样的骗术，就是基于大多数人不具备科学思维能力。骗子们只要编出适当的故事，永远都会有人上当。

与此相应的就是阴谋论思维。人们轻信各式各样的阴谋传说是基于一种思维模式。这种阴谋论思维模式，是一种将复杂事物进行简单化解释的心理倾向。对于一些人来说，只要事物超出了他们已有的认知范围，就会一言以蔽之——"阴谋"。他们习惯于用"阴谋"来解释一切认识不了或令人困惑的现象。不幸的是，还有一个规律，即在各种简单化解释中那个最简单的解释，往往就是最容易被接受和最受欢迎的。有一次，一位历史学专业的博士生来找我，说有事请教。我问他何事？他说要谈谈高房价问题。我想年轻人关心房价完全可以理解，便问他如何看待此事。这位年轻人义愤填膺地说，他发现了城市高房价的秘密，就是几个大房地产商在搞阴谋。我问他是否读过那几位大房地产商的文章或著作，他说从没读过。我又问了他一些与房地产有关的经济学、财政学知识，他竟然也是一无所知。这位博士生完全没有中国政府管理财政、金融方面的知识，他根本不知道作为城市管理者的地方政府是怎样运作的，也不知道地方政府的财政收支情况，当然就更不知道"土地财政"以及"土地财政"与城市高房价之间的复杂关系。

如果是普通人，不从事学术研究的人，对社会问题有各式各样的见解是无碍观瞻的，仁者见仁智者见者而已，但是从事社会科学研究、从事政治学研究的专业工作者也是如此看待问题，就是不具备基本职业素养的问题了。一事当前，不是表面地而是深入地看问题，不是孤立地而是联系地看问题，不是简单地而是复杂地看问题，这是政治学学者必备的素质。如果你具备这种天赋，那就在学术研究中好好运用自己的天赋，发挥自己的优势。如果你不具备这种天赋，那就应该考虑转行到其他适合自己的专业领域。如果你的科学思维能力薄弱，那就要在科研实践中有意识地弥补这一不足，努力培养和提升自己的科学思维能力。

二 进取与勤奋：动力与保障

具有强烈进取心和勤奋精神，是成就任何事业的必备条件。进取心和勤奋精神也是一种天赋。在人群中总有那么一些"闲不住"的人，他们几乎是在任何条件下都持有目标追求。无论结果如何、报酬如何，他们都会不知疲倦地工作。我在早年插队时就注意到过这种现象。即使在人民公社吃"大锅饭"的时代，村里也有一些"恨活儿的人"，他们似乎有使不完的劲，终年拼命地干活,而且干起活来总是追求出色、完美,总是喜欢精益求精。尽管他们并不比别人多劳多得。后来,我才知道这其实是一种天性。进取心和勤奋精神交织在一起,为人提供了不竭的动力和无穷的干劲。从事科学研究,从事政治学研究,尤其需要这样的素质与禀赋。

(一)进取:动力的源泉

"不想当将军的士兵不是好士兵。"拿破仑的这句名言道出了支持和推动人们成就一番事业的心理动机。强烈的进取心对于政治学学者尤为重要。

作为一种科学研究,政治学研究自然属于复杂劳动。与简单劳动相比,政治学学术工作的数量与质量都难以做量化的评估与衡量。日久生怠,是人类社会行为的普遍规律。人们的工作需要激励,但制定激励机制的前提是对工作数量与质量进行衡量与测定。简单劳动主要是通过不同数量的劳动报酬给予激励。而包括政治学研究在内的复杂劳动,其工作数量、质量都是难以衡量和测定的。因此,对于任何复杂劳动来说,外在激励机制的效果总要大打折扣。这就是为什么科研机构长期以来始终没有建立起一套有效的科研绩效评估体制机制的原因。搞科研是"良心活",而这里的"良心",不仅是道德问题,不仅是"觉悟"问题,干"良心活"还需要有心理层面的支撑。

在科学研究领域,在政治学领域,要想具备持久的工作动力,要想维持持久的工作热情,就需要具有强烈而持久的内在动力,需要有一颗永不衰竭的进取心。只有具备这种永不衰竭的进取心,才能获得克服一切困难的内在动力,才能使人超越功利、不计回报,甚至不在乎结果,而能够长期专注于事业、专注于工作。就像人们说的:但行好事,莫问前程。

在生活中总有一些人,常年超负荷工作,似乎从不知疲倦。为什么这些人有这般工作热忱?莫非他们不知道苦与累?工作中的苦与累，是人的正常生理感受和心理体验，所有的人在生理感受上不会有很大的区别。但那些具有强烈进取心的人，受到进取心的驱使，他们可以将工作过程目的化，工作本身能够给他们带有成就感、归属感和快乐感。这种主观感受，正是所谓的"以苦为乐""苦中求乐"。我观察和采访过不少"工作狂"，当我问他们苦不苦、累不累的时候，他们回答总是不觉苦与累，他们很享受工作过程。

（二）勤奋：成功的保障

学术研究作为复杂劳动，对研究者的专业能力具有很高要求。要达到专业研究工作所要求的研究能力，需要经过漫长而艰苦的学习和训练，要在"游泳中学会游泳"，在长期艰苦的科研工作中学会科学研究，掌握技能，获得能力。"书山有路勤为径，学海无涯苦作舟"，长期的勤奋学习、工作是取得学术成就的必备条件。但这个过程是艰苦的甚至是痛苦的。贝多芬的人生境界是：通过痛苦走向欢乐。它表明了贝多芬天生具有的心理素质。获得报偿以及具体的功利目的，也可以激发勤奋的精神，也能让人一时苦干，但这种外在的刺激与激励终将难以持久。一旦达致目的，人会马上懈怠。这样的现象，在生活中是普遍的，是常态。而只有与生俱来拥有的吃苦耐劳的勤奋精神，才能为数十年如一日的辛勤工作提供不竭的内生动力，这是科研工作以及任何事业取得卓越成就的保障。

在勤奋精神方面，美国职业篮球运动员布莱尔特·科比给人们树立了榜样。当今在青年人中间，科比的一句名言广为流传：你见过清晨四点钟的洛杉矶的街道吗？科比是世界上最伟大的篮球运动员之一。有一次，采访他的记者问道：何以取得如此伟大的成就？科比所答非所问地反问一句："你知道洛杉矶凌晨四点钟是什么样子吗？"记者摇摇头："不知道，那你说说洛杉矶每天早上四点钟究竟什么样？"科比挠挠头说："星斗满天，灯光寥落，行人很少。"他接着说："每天洛杉矶早上四点仍然在黑暗中，我就起床行走在黑暗的洛杉矶街道上。一天过去了，洛杉矶的黑暗没有丝毫改变；两天过去了，黑暗没有改变；十多年过去了，洛杉矶街道早上四点的黑暗仍然没有改变，但我却已变成了肌肉强健、有体能、有力量，有着很高投篮命中率的运动员。"

勤奋铸就伟大。每一个有志于以政治学研究为人生职业和事业追求的年轻人，应该先掂量掂量自己是否具备吃苦耐劳的心理素质和精神准备。

三　兴趣与关注："狐狸"与"刺猬"

科研人员的心理素质还有一个重要方面是注意力分配问题。注意力分配问题对人们认识事物的敏感性和专注度有重要影响。

英国哲学家以赛亚·伯林在研究西方思想史和文学史的过程中发现，他所研究的思想家、文学家事实上是可以分为两种不同类型的。柏林借用古希腊谚语"狐狸多机巧、刺猬仅一招"，把两类思想家、文学家分别称为：狐狸和刺猬。他用狐狸和刺猬比喻不同类型的思想家、文学家在注意力分配上的不同特性。"狐狸型"思想家兴趣广泛，涉猎甚多。他们对待学术、看待真理并不强求一律，持多元论态度，治学圆融，灵活善变。而"刺猬型"思想家正好相反，他们的注意力十分集中，往往终身专注于一个领域，试图寻求所关注问题唯一的、终极的答案，并由此及彼，将之推及万事万物。这恰如刺猬凡事只应以一招：竖起满身的尖刺。

我在自己的学术生涯以及担任专业研究机构负责人的经历中，对于学者们的注意力分配问题多有观察。我确实在研究工作和学术交流中接触到过许多的"狐狸"与"刺猬"，并对两种类型各自的利弊也有所体验与思考。

（一）"狐狸型"学者

"狐狸型"学者思想活跃，对世界充满了好奇。他们兴趣广泛，视野开阔，感觉敏锐，喜欢新鲜事物，喜欢追求热点。"狐狸型"学者在学术上的突出优点是学习能力强，理解问题快，有迅速认识和把握问题的能力，有快速由外行变内行的能力。这类学者对不同意见比较宽容，相对谦虚，与不同观点和意见的商榷、争论较少。一般而言，这类学者的主要弱点是，兴趣和关注点容易转移，研究工作的专深度相对不足，容易浅尝辄止。在学风上，相对来说功利心重一些，喜欢"短平快"的研究，对学术研究成果的数量及评价比较看重。

（二）"刺猬型"学者

"刺猬型"学者与"狐狸型"学者形成鲜明对照。兴趣，是二者之间最显著的区别。"刺猬型"学者兴趣单一，甚至可以说是一些很无趣的人，除了他们关注的事情，对其他事情几乎没有什么感觉。

"刺猬型"学者在研究工作中十分专注，会长时间关注某一领域，甚至仅仅关注某个问题，而对其他领域、其他问题则很少关心。他们就像钻井工人，在一个领域不断挖掘，越钻越深。这类学者在学术思想、观点上十分执着，比较坚持己见，不太容易接受不同意见，爱争论，喜欢反驳不同观点和意见。在学风上，这类学者比较严谨，追求完美，对于名利相对淡泊，许多人甘坐"冷板凳"。一般而言，这类学者身上比较普遍存在的弱点是学术视野比较狭窄，对各种新生事物、现实问题敏感性不强。在思想方法上，相对保守，拘谨固执，易于关注和接受与自己观点主张相一致的信息，严重情况下有"六经注我"的倾向。

（三）"混合型"学者为优

"狐狸型"与"刺猬型"两类学者各有所长、各有所短，那么，从事政治学研究哪类学者更为适合呢？根据我的观察与思考，我认为，处于两种类型的两个极端上的心理特征都是不好的，都不适合从事社会科学研究，尤其不适合从事政治学的专业研究工作。

以极端的"刺猬型"心理特征来说，具有这类心理特征的学者，一是学术敏感性差，对于新生事物和现实问题的感知和理解能力差，很难把握到前沿学术问题，尤其不适合做智库型的研究工作。二是学术视野窄，这也是政治学研究以及政治学者的大忌。政治问题多为综合性问题。政治问题是各种社会问题在原有领域中得不到解决，而集中转移到政治领域中来的。因此，研究政治问题、做政治学研究，必须具备宽广视野，能够从多种学科视角，进行全面、系统和综合的观察与研究。知识单一、视野狭窄，肯定做不好政治学研究。三是固执己见，这是一种盲目性，不是科学态度。科学家要尊重事实，服从真理，乐于修正自己的错误、不介意改变自己的观点。过于自信，过于坚持自己的观点，则很难进步、很难提高。

以极端的"狐狸型"心理特征来说，具有这类心理特征的学者，一是兴趣广泛，研究范围宽广，精力使用分散，难以形成专精的研究，难以成为专家；二是关注点和研究领域易于转移，易于浅尝辄止，从而影响研究深度，难出重大成果，难成大家；三是如果功利心过重，急功近利，则易于动摇，难以长期坚持，攻坚克难，也不易出大成果，难以成就大事业。

在现实中，真正如上所述的两类极端型性格的学者毕竟还是少数。现实中，多数学者注意力分配的心理特征是具有一定混合性的。如果是"狐狸型"与"刺猬型"的混合型，两种心理倾向比较平衡，则是较为理想的、适合从事专业政治学研究的心理类型。两种心理倾向比较平衡易于实现博与专的统一、兴趣与执着平衡，而这正是我们最为期待的、政治学学者最为需要的禀赋。

从主观上讲，认识到注意力分配的两种类型，有益于政治学学者有意识地在科研实践中矫正自己在某些方面的缺陷，弥补自身的不足，注意博与专、兴趣与执着之间的平衡。相对于科学思维，这种注意力分配上的偏差应该是比较容易矫正和改变的。

第二节 自我培养：成长路径

如果具备政治学专业研究者的禀赋，选择了政治学研究的职业道路，那么接下来就要在实践中学习、锻炼、成长。每个人都要走自己的路，每个人的成长经历会有所不同，但政治学学者的实践锻炼与成长有其共性，有一般规律。了解政治学学者成长的共性和规律，有助于年轻学者更好更快成长。在我看来，年轻学者在成长道路上至少需要注意三个方面问题：一是建立合理完备的知识体系；二是完成从"观念世界"到"经验世界"的转变；三是练好基本功。

一　建立合理完备的知识体系

合理完备的知识体系是政治学学者进行一切研究工作和学术活动的基础。首先，合理完备的知识体系意味着政治学学者的知识结构要合理和完整。其次，政治学者不仅要有丰富的书本知识，还要有实际的社会知识，要了解社会实际生活。最后，政治学学者还需要具有比较政治研究的视野，具有国际政治、国别政治方面的知识。概言之，一个政治学学者的合理完备的知识体系，至少要包括：合理的知识结构、实际的社会经验和比较政治研究视野三个方面的内容，否则就很难胜任政治学研究工作。

（一）构建合理的知识结构

政治活动由各种社会问题汇集而来的。因此，政治学学者及其政治学研究需要广博的知识。政治学学者不能就政治研究政治，要从知识结构上扩展观察的视野和提升研究能力。政治学学者要能够从社会大背景中观察认识政治事物、政治现象，能够从发生学的意义上、从多学科角度来审视和理解政治事物，运用多学科的知识和方法研究政治现象和解决政治问题。具体来说，中国的政治学学者特别是年轻学者要注意与政治学相关的上游学科和下游学科，尽可能多地学习掌握上下游学科的相关知识。

所谓"上游学科"，即与政治问题、政治事物发生有关的社会科学领域知识以及学科。其中主要包括：历史学、经济学和社会学。大量的政治事物、政治问题来源于历史领域、经济领域和社会领域，因此这些领域的专门知识对理解政治现象、政治问题的由来及特性十分有用。

所谓"下游学科"，是指在政治学研究中，可以借鉴和借用其研究方法的那些学科，其中主要包括：心理学、行为学、情报学和刑侦学。当代政治科学越来越多地关注和研究人的政治行为，心理学、行为学知识是必不可少的。政治心理学、行为学将越来越多地承载现代政治学研究的内容。政治学研究对象的复杂性和调查研究方法与情报学、刑侦学十分相似，许多情报学、刑侦学的方法可以直接运用于政治学研究，特别是现场调研。情报学中的"公开情报分析"，刑侦学中现场重建的原理和方法等，都可以直接运用于政治学的调查研究及现场观察。

从现实情况看，中国政治学学者普遍存在的知识短板是缺乏经济学尤其财政学等学科的知识。这首先与中国高校政治学类专业缺少经济学、财政学的教学与训练有关。社会的政治活动与经济活动有着密切联系，政府行为与政府财政状况密切相关。在一定程度上，可以说政治与经济是一体两面的社会现象，经济是政治的基础，政治是经济的集中表现。大量的政治活动、政治现象源自经济活动、经济现象，政治活动又在很大程度上影响甚至决定着经济活动。政治学学者缺乏经济学、财政学知识，面对实际政治问题时就会缺乏背景知识，缺少发生学意义上的研究视角，会使许多认识流于肤浅，甚至会得出错误的认识与结论。长期以来，我在主持科研活动中，在年轻科研人员的培养工作中，一直不遗余力地倡导以至督促科研人员补充经济学、财政学知识，鼓励他们多做社会经济生活方面的调查研究，以加深和扩展对政治现象、政治问题以及政府活动的认识。

(二) 积累实际的社会经验

人生要读两本书：一本有字之书，一本无字之书。有字之书承载着前人的知识、过去的知识，无字之书是自己知识的源泉，里面有未来的知识。无字之书，即社会实践这本活着的书籍。

我一直强调政治学学者要深入实际、深入生活，做调查研究。从政治学学者成长的角度看，建立合理完备知识体系的重要一环是构建属于自己的调研体系。政治学学者构建自己的调研体系具有三个层面的意义：第一，作为科学研究的组成部分，直接服务于科研课题。通过调查研究认识和解决具体问题。第二，为运用和支配理论提供经验支持系统。政治学理论和方法的运用，现实问题的判断，需要政治学学者的经验系统的支持。没有经验系统的验证与参考，政治学学者就无法驾驭理论，也难以对现实问题做出自己的判断。第三，建立科研工作的信息支持系统。社会科学研究也要像自然科学那样建立社会"实验室"。政治学研究的信息支持系统就是政治学的"实验室"。这个"实验室"就是调研基地和人脉。

在长期调研过程中，我在不同地域、不同行业、各个阶层中广交朋友，与他们形成默契交流，以获取社会各个方面的信息。后来我意识到这个分布广泛的朋友群，实际上构成了一个遍及东西南北中的信息系统，甚至可以说是调研基地。有了这样的信息系统，可以帮助我更好地了解各方面情况，更好地了解中国、认识中国。

中国台湾选举政治中有"桩脚"之说，所谓"桩脚"就是政治家的基层工作者、拉票人。由于选举政治中的敏感性，"桩脚"与政治家之间有着非常默契的关系，他们之间交流往往无需文字，一句暗语，一个眼神，就能沟通。借用"桩脚"形容政治学研究中的信息支持系统的意思是：调查研究中主客体之间需要形成高度的默契。搞调查研究，特别是在访谈中，一方面调查者、访谈者要能听懂被调查者、受访者的话语，既能了解表意又能了解隐意，能听出话外音、潜台词。另一方面，被调查者、受访者也要能够了解和理解调查者、访谈者的意图。我们在调研中深切地体会到，并不是说同一种语言，彼此就能相互理解。我们常说一句话："不是说中国话，大家都能听得懂。"要在调研中获取信息尤其是关键信息，非常需要访谈双方的相互了解以及调研对象对调研议题的理解。这就是默契。这种默契要在长期交往中形成，是以彼此信任和熟悉为基础的。

调研主客体之间的默契常常直接决定着调研成败与质量。我们在调研中许多重要信息的获得和成果的取得，并不是我们有意所为，而是调研对象主动提供给我们的。在长期调研中形成的朋友群，对我们的工作、我们的想法十分了解。久而久之，有时我们还没有张口问，他们便知道我们在想什么、我们需要了解什么。

2015年，我到深圳调研，回顾总结深圳的治理经验。深圳的一位老朋友主动给我系统地、全方位地讲解深圳改革开放工业化、城市化、现代化的发展历程。他知道我很关注深圳服务型政府建设，但我并不了解导致深圳服务型政府发展的历史和文化因素。于是，他主动为我细致地讲解，深圳从一个边陲小镇逐步成长为国际大都会的独特历史条件对"小政府、大社会"的塑造。他的分析与讲述，鞭辟入里，准确而深刻，让我茅塞顿开，对我的帮助极大。后来我们索性合写了一本著作——《治理南山——深圳经验的南山样本》。

还有这样的情况，一些地方不同职业、不同身份的朋友主动与我联系，反映情况，交流看法，探讨问题。一些地方的突发事件，我也可以第一时间获得来自当地朋友提供的消息。我如果有问题也可以随时与我的朋友群联系，向他们请教。这样形成的信息支持系统对我的科研工作帮助极大。

(三) 拥有比较政治研究视野

比较研究是政治学的基本研究方法之一。如今政治学学者必须具备比较研究的经历和能力。从政治学学者研究能力培养、理论素养提高的角度看，比较研究的主要价值在于，了解政治事物、政治现象的普遍性与特殊性、共性与个性的关系，在相同性和差异性之间了解、认识一个国家，了解、认识国家的政治制度和政治运行。

从2008年开始，我投入了大量精力从事政治发展的比较研究，特别是承担了亚洲政治发展比较研究的课题，做了大量国外的调查研究。在我们没有做比较政治研究的时候，当然也知道政治事物、政治现象之间有普遍性与特殊性、共性与个性之别。但没有做实际的比较政治研究，特别是没有进行实地调研之前，那些所谓的普遍与特殊、共性与个性的关系，只是我们头脑中一种观念的存在。政治事物、政治现象的各个元素中，哪些属于普遍性，哪些算是特殊性，我们并不真的知道。比如，中国与日本、中国与印度相比较，其政治制度、政治文化、发展模式究竟有何异同？其实我们是无法具体回答的，只能是根据二手材料有一些笼统的、模糊的认识。而通过对亚洲九国一区以及欧美多国的大量实地调研，我们才真正开始了解这些国家的政治制度、政治文化、政治发展以及各国之间在制度、体制和发展模式上的异同。

比较政治研究也改变了许多我对中国的认识。我长期做中国政治、中国民主、中国政治发展研究，自以为比较了解中国。而真正走出去，进行国际调研，做国别研究、比较研究，我才发现过去自己对中国的认识有许多局限性。有许多过去被认为是中国特色的东西，其实国外也有；有许多中国与外国的差异，原来被认为是社会制度意义上的，但后来发现实际上是因发展阶段不同而导致的。政治发展比较研究，为我建立起了发展阶段性的认识视角。这对我来说，是一个很大的提高。通过比较研究，不同国家政治事物、政治现象中的普遍性与特殊性、共性与个性，在我们的认识中变得具体了，变得确切了。这样就大大深化了我们的认识，超越了以往的泛泛而论。同时，大量的比较研究也使我们的理论水平得到了提高。

二 完成从"观念世界"到"经验世界"的转变

我长期在专业科研机构工作。在工作中我有一个很大的困惑，每年经过精挑细选的青年才俊进入研究所后却无法胜任工作。研究所不得不对这些具有高学历的年轻科研人员进行长时间的再培训。这种培训，按照我们的说法，是将年轻科研人员头脑中的"观念世界"转换成一个"经验世界"，以使其胜任科研工作。这是怎么回事呢？这要从现在我国高校政治学教育、教学工作说起。

在我国现行高等教育体制下，青年学生要经过长时间的学习和培养。在高等教育阶段，从本科到硕士再到博士，一般需要10年之久。而接受高等教育的这10年，正是人生学习的黄金期，是青年人的精力和学习吸收能力最为旺盛的时期。书本知识学习、理论知识学习，是这一时期的主要内容。换言之，中国高校学生的人生黄金学习期基本上是在书斋里度过的，在很大程度上是脱离他们最终要去工作的社会的。当然，我这里说的主要是高校的文科教育，特别是指政治学类的专业的培养方式。坦率地说，在高校政治学类专业培养方式之下，"学"与"用"基本上是脱节的。而这种远离社会生活的专业学习，对学生的影响是极其深远的。政治学本是经世致用之学，它的研究对象、服务对象是社会，它本身也来自社会实践、社会生活。但年轻学者在历经10年的政治学专业学习后，却在观念和现实之间形成了一道深深的鸿沟，他们无法建立起观念与事实之间的联系。即使在参加工作之后，他们还会长时间地在观念的世界里打转转，不仅无法运用知识、概念和方法认识世界、解决问题，反而被观念、概念所困，甚至常常用观念、概念裁剪现实。

现在我国高校许多政治学类教学单位称为"政府管理学院"。顾名思义，这类学院传授的是有关政府及其管理职能、管理行为方面知识的。学生将来毕业出去工作，许多人也是要进入政府部门的。但这类学院的教学却与政府以及政府管理实践相去甚远，不要说学生，许多老师对于政府及政府管理也十分陌生，不甚了解。然而，这还不是最糟糕的。根据我们的实际体验，在这样体制下学习成长起来的青年学生一旦形成了一套固定的认知模式，就难免自以为是，以为饱学之士便全知全能。当他们真的进入社会，进入政府部门工作后，又难以适应工作。书本上头头是道，现实中路路不通。

《商君书》中说："学者溺于所闻。"(《商君书·更法第一》)学者书读多了，知识多了，怎么会变成坏事呢？知识会把人淹死吗？知识本身是有益无害的。但理论脱离实际，不知道知识是怎样来的，也不知道如何运用，知识就会变得有害。满脑子的书本知识，反而变成了人们认识世界、改造世界的障碍。许多新进的科研人员开始工作时，书本上的知识似乎无所不知，但面对现实问题时，却是一窍不通。时间长了，我们慢慢意识到问题的症结所在。学生在校期间学习到了大量理论知识，但却不知道这些理论是怎样产生的，不知道理论概念的定义域在哪里，不知道真理相对性的范围。他们好像拿着一大串没有编号的钥匙，却不知道要去打开哪把锁。

为了解决年轻科研人员学用脱节的问题，我们提出，年轻科研人员要完成从学生到学者的转变，首先要完成把头脑中的"观念世界"转换成为一个"经验世界"的工作。实现这种转变的方法是：深入社会、深入群众，做大量的调查研究，了解社会的实际结构和实际运行情况，了解政府的组成和运行，了解我国工业化、城镇化、现代化的历史进程，了解中国政治建设、政治改革、政治发展的探索发展历程。进行大量调查研究要达到的目的：在年轻科研人员头脑中重构世界的图景。这个图景已不再是一个个观念组成的抽象世界，而是由事实与案例构成的现实世界。通过调查研究，年轻科研人员头脑中的观念找到了在现实世界中的对应物，从而为他们真正理解、掌握和运用理论与方法打下基础、提供条件。

学习是从零开始，补课要从负开始。走上工作岗位后的补课、转变，对年轻科研人员来说是艰苦而漫长的。一般情况下，年轻科研人员要用5—10年才能完成这一转变。因为他们脱离社会生活的时间太长了，他们习得的不知所指、不知所用的书本知识又太多了。要让这太多的书本知识与现实的社会生活、政治实践对上号，要花费大量的时间和精力。而不花这个功夫，理论与实践契合不起来，他们工作起来就是盲目的，工作起来就只是"空砍"。

我非常希望改革中国政治学教育的体制与方法。希望政治学类专业的教育教学能像医学院那样，让学生在校学习期间就能够接触大量医疗实践，边学边干，理论联系实际，书本对应实务。这样培养出来的人才是一次成型的。医学院的培养模式与未来医务工作对教育教学的约束性有关。医学生不接触实际，毕业后就不能上岗，无法工作。而对于包括政治学在内的社会科学学科和专业而言，未来职业对学校的教育、教学的约束性不强。这是造成政治学等专业培养远离实际的原因之一。在政治学教育教学体制改变之前，我希望广大政治学专业的老师、学生在高校的教育教学中，努力增加实践元素，加强理论与实际的联系，加强教育部门与党政部门的联系，增加高校政治学类专业社会实践课程。希望学校和院系尽可能让学生在学期间，多接触社会生活、多接触政治实践、多接触人民群众。

三 练好基本功

当今科学技术发展日新月异，技术改变社会，技术改变生活。各种数字技术、智能技术也在改变着包括政治学在内的社会科学的研究方法。在这种情况下，政治学学者还需要学习和掌握研究方法和技能吗？答案是肯定的。包括政治学在内的社会科学研究工作在很多情况下还是个人化的，在许多情况下还十分依赖个人的经验和技能。因此，作为政治学学者必须掌握基本的研究工作技能，尤其是社会调查的技能。特别是对于年轻学者来说，一定要在学术生涯刚刚起步的时候，练好调查研究的基本功。

（一）学会做笔记

多年前，一次我外出调研，随行的有一位新入职的博士。我因为要主持座谈会并与几位与会者对谈，便请同来的博士做记录。结果一个上午的座谈会下来，这位博士仅仅记了两三页笔记。这次重要座谈会的大量珍贵内容完全没有记录下来，这令我非常失望。事后，我与一位在高校工作的朋友谈及此事。他告诉我这并不奇怪，现在的学生从中学开始便不大记笔记了。后来我因担任中学政治课实验教材编委会委员，看到了现在中学教材犹如幼儿图书，图文并茂，运用各种手法把文中段落、层次、重点、参考等呈现得淋漓尽致。学生只需看书，连像过去那样划个线、标个重点的余地都没有了。我开玩笑地说，学生只需张口，饭就到嘴里了。现在的学生因从小没有相应的训练，自然没有记笔记的习惯，更缺记笔记的能力。

但是，尽管有了许多的技术手段，比如现在有了可做音频和文字转换的智能录音笔，我们为什么还是要手工做笔记呢？为此，我们做过多次试验，了解到人的口语与文字实际上具有很大差别。一般情况下，人们讲话的内容相当杂乱，听者只是通过接受语言中的意群了解其大意。录音获得的谈话记录，必须经过详细整理，既耽误时间又要花费大量精力。而更重要的是，记笔记并不是简单的原文照录，记笔记实际上是听者在现场的初步的信息整理。记笔记有三方面重要意义。

第一，深化理解。

访谈者记笔记不是单纯地记录，而是类似绘画中的速写。记笔记是对谈话内容一定程度的归纳和概括。访谈笔记不是有言必录，而是听者在理解的基础上，对于谈话的重点、核心思想以及关键信息等做出一定程度的归纳和概括。在现场做记录，如同绘画中的速写。速写并不是照相式临摹，而是画者在观察基础上形成对物体的一定印象的呈现。这种经过思维处理的记录与描述是具有一定抽象和概括的。在调研中做记录与绘画的速写是一样的道理，记笔记可以培养记录者的观察能力、概括能力以及捕捉重点及关键信息的能力。

第二，强化记忆。

在访谈中边听边记，既调动听觉又运用视觉，多感官运用会强化访谈者对访谈内容的记忆。调查研究中要接触大量信息，如果所有信息等到调研结束再进行回顾与整理，势必有大量的疏漏和遗忘。在现场做笔记则会在第一时间巩固和强化记忆。我认识一位外国记者，她以博闻强记闻名。1999年我们出版《全球化阴影下的中国之路》一书，引起国际关注。她来采访我们几位作者。采访中，她用中文与我们交谈，用英文速记。一个下午的访谈，她几乎记满了一个小本子。我看到她每页纸只记一面有些奇怪，问她为什么，她说回去后还要整理、追记，增加和补充的内容就记在同一页纸的另一面。后来看她写出的长篇采访记录确实十分详尽准确。我想这位记者的博闻强记与她常年记笔记的习惯不无关系。

第三，便于后期分析与综合。

记笔记的意义，不仅在于现场记录下访谈对象的谈话内容。

访谈笔记还是调研后期综合分析的重要材料。访谈笔记犹如刑侦现场的勘验记录。现场勘验记录是刑事侦查中分析案情、寻找线索的基本依据。这和我们调研做笔记异曲同工。在调研结束后，我们要反复阅读现场记录，从中可以发现一些在现场没有意识到的线索和内容。甚至多年后，还需要研究当时的访谈记录和调研笔记。在一次出国调研后，我们在事后分析访谈记录时就有了一个重要发现。那次调研我们访问了大量人士，有政治家、企业家、媒体记者以及智库学者，等等。回国后我们在对全部访谈记录进行分析时发现，我们全部访谈对象对中国政治的关注只有一个交集点。这一发现为我们研究这个国家对华政策提供了重要线索，这一线索透露出这个国家对华研究的焦点问题。而这样的发现，在每天调研和每一次访谈中是无法得到的。我在调研过程中也确实没有意识到这个问题。只是在事后的综合分析时才有了这个发现。我想幸亏当时从始至终认真做了详细的记录。

我们在调研和访谈中，逐渐摸索出一套做访谈记录和调研笔记的标准：一是，记录访谈内容不断线。访谈记录要求能够连贯地反映谈话的基本内容，不能有明显的遗漏。二是，重要内容要记录原话。对谈话人的重要叙述和主要观点要尽量记录原话，重要的数字、人物姓名，重要事件的时间、地点等，都要准确记录。三是，提问和重要插话要准确记录。访谈记录不能只记受访者的谈话，对访谈者的提问、插话也要准确记录，以呈现出访谈中谈话双方的对话、呼应与互动关系，展现出谈话的语境和逻辑线索。

（二）学会做访谈

尽管今天技术进步为社会科学以及政治学研究提供了越来越多的有效方法和手段，如互联网的数据搜索、大数据统计分析等，但是访谈仍然是今天政治学调查研究最基本的方法与工具。学会访谈，掌握访谈技能，仍然是政治学学者最重要的基本功。甚至可以说，一个政治学学者的调研能力和水平在很大程度上取决于他的访谈技能。我们常说调查研究要"找对人",将其称为政治学调研方法中的方法。如果你在调研中找到了"对的人",但你不会访谈、不会交流,无法取得对方的重视与信任,那么你也只能无功而返。所以,访谈技能仍然是政治学学者的看家本领。

访谈,也是许多学科的基本研究方法与工具。社会学、人类学、管理学等多个学科领域都会运用访谈,因此这也成为社会科学中一种通用的研究方法,各个学科对于访谈技术都有许多研究。这里不是全面地介绍访谈技术,而主要是根据我的实际调研和访谈经验,谈谈个人的体会和看法。在我看来,做好访谈主要是要做好三个方面的工作,即预先准备、访谈导入和访谈引导。

第一,充分做好访谈的预先准备。

访谈之前要做足功课。这是有经验的政治学学者的共识。准备充分访谈才不易跑题,访谈的发掘就会深入,访谈就会有高效率、高收益。而更为重要的是,准备的充分是赢得访谈对象重视乃至信任的重要因素。

访谈的预先准备,如同教师讲课前的备课。教师备课第一条先要"备学生",即要对访谈对象进行充分详细的了解,包括其身世、学历、家庭、个人修为、爱好、党派、思想信仰、政治主张、主要经历、主要成就,以及现实状况、未来打算,等等。总之,既要抓住重点又要尽可能详细,特别是要注意细节。在访谈中,访谈者要举重若轻,不能流露出刻意的企图。对于访谈对象的了解要在不经意间,通过细节。对于访谈对象情况信息等的充分了解,除去有助于确定有效的访谈内容外,最重要的是可以在不经意间引起受访者的尊重、信任及其对访谈的重视。

记得我们在菲律宾调研,有关人士为我们联系了菲律宾前总统马科斯的夫人伊梅尔达·马科斯。虽然她是被推翻的前总统的夫人,但她以及她的家族仍在菲律宾政坛和菲律宾社会有着举足轻重的影响,她更是菲律宾现代政治史最重要的见证人之一。访问前我们尽量做了准备。因为我们来自中国，马科斯夫人一见到我们，就谈起了她当年陪同马科斯总统访华和受到毛主席接见的往事。我立即抓住机会，很自然地谈起当年我作为中国的一个中学生在电影里看到毛主席接见的场景，谈到了马科斯总统当年身着菲律宾民族服装，甚至提及夫人今天仍然梳着的当年给中国人民留下深刻印象的发型和她那独特的"蝴蝶装"。马科斯夫人听到这些感到十分开心，立即拉近了我们之间的距离。那天的访谈相当成功，80多岁的马科斯夫人兴致勃勃、侃侃而谈，我们几乎谈了一个上午，大大超过了原来约定的时间。

访谈前备课的第二条是准备访谈内容。根据调研任务和访谈对象的情况确定访谈的范围、主题以及具体问题。对于访谈内容的准备工作要做到：一是，确定合适范围。访谈机会难得，一定要在有限时间内取得最佳效果，确定合适于访谈对象的谈话范围就是关键。访谈对象往往是一些见多识广的杰出人物，他们的"话匣子"要是打开了，就无法收拾了。另外，他们也会避重就轻，回避敏感话题。因此要认真确定谈话范围，不跑题，不出圈。二是，访谈要注意不能触及访谈对象忌讳的话题。这一点对于官员、政治人物、杰出人士的访谈尤为重要。这些人物都是公众人物、敏感人士，他们多有忌惮，忌讳许多话题。这些禁忌一定要事先做仔细的评估，在访谈时要小心回避，否则访谈很可能陷入尴尬。总之，一定要"入乡问俗""入乡随俗"，对各种敏感话题做到心中有数。

第二，做好访谈导入。

访谈开始时的寒暄和进入话题的环节非常重要，也是考验访谈者技巧的时刻。访谈开始的5—10分钟往往决定了访谈的成败。我们把访谈进入环节归纳为"三句话"：说明来意、描述对方、提出问题。

一是说明来意。尽管会有事先的联系与沟通，但访谈者当面说明自己的来意仍然十分重要，先要简要介绍自己，让对方了解你的身份，实际上是对来访背景做一个交代。然后简明又适当地说明自己访谈的目的，既要清晰又要留有一定的余地，要对受访者做一些试探，一旦感觉话题敏感、就要及时做出调整。来意说得好，才能为受访者接纳，否则可能被受访者敷衍。

我们在日本调研时，访问日本自民党干事长，我上来就说，日本是亚洲工业化的"领头羊"，日本明治维新对亚洲乃至后发国家有深远影响。我们在做亚洲工业化时代政治发展比较研究，选择日本工业化、现代化道路作为重要研究对象具有重要意义。我的简明介绍引起了这位日本政治操盘手的兴趣。他表示自己是一个实干的政治家，不懂理论，但觉得这些历史性、理论性的问题也是很有意思的。

二是描述受访者。这一点非常重要，往往直接决定受访者的态度。在说明来意后，要谈谈对方，用简明扼要又恰当的语言描述和评价受访者。为什么要这样做？表面意思是，在说明来意后交代一下我为什么要来找你，讲一讲来访的原因。而重要的意思是，要让对方知道你是非常了解他的，一来，表明来访者严肃认真的态度；二来，准确的描述和定位反映出了来访者的水平和分量，以此赢得对方尊重和重视。如果来访者不能恰如其分地描述对方，或定位不准确，就不能赢得对方的尊重，甚至会让对方轻视你。因此，对受访者的描述与评价决定着受访者对来访者是敷衍还是重视。

2009年我们到中国台湾调研，一天去访问施明德。他是中国台湾地区政治进程、政党轮替中的重要人物，有着非凡的经历。施明德名声在外，是个很有性格的人物。那天我们到他府上拜访，果然他坐在一把高大的太师椅上，给我们准备了几个板凳。一上来，他便说，我不是世界上坐牢时间最长的人，我是世界上在牢狱中绝食抗争时间最长的人。我们立即听明白了他的弦外之音，他这是在自比南非的民主斗士曼德拉。我立即顺势回应，指出他在反抗国民党专制统治，争取台湾人民的自由、人权斗争中做出的牺牲和贡献，同时也指出现阶段台湾政治转型中面临的问题与困局。施明德听我一席话，在肢体语言上马上有了反应，他端正了一下坐姿，拉了拉衣襟，然后很认真地与我们交谈起来。施明德先生结合他的亲身经历和心路历程，深入详尽地谈了他对台湾政治转型以及台湾未来政治发展的看法。那天我们是满载而归，告别时施明德夫妇送出门外，一直目送我们离去。

三是提出问题。访谈问题的设计要明确而具体，要与访谈对象及来意匹配。首先要明确，明确意味着要让访谈对象容易理解，不能打岔。具体则意味着受访者容易回答，如果所提问题过于宏大或过于复杂，受访者可能无所适从，不知如何谈起，这就会影响访谈质量。可以把访谈的问题分为几个层次，开始提出的问题应尽量简单，尽量与访谈对象目前所做的有关工作、有关事务或感兴趣、关注的问题相联系，使谈话容易切入。然后，再根据情况适时地提出更为尖锐和复杂的问题。

第三，做好访谈的引导。

访谈者应是访谈的主导者，但做到这一点并不容易。许多访谈会被受访者带走，甚至完全成了他的独白和倾诉，这样访谈就失败了。因此，访谈一定要事先做好充分准备，在访谈过程中要注意把握进程，注意分寸和火候，引导访谈有效进行。我们调研访谈的对象中有许多知名人士、杰出人物。他们一般主体性极强，有些人个性张扬。访问这样的人物，搞不好就会被上课。尤其是政治家，出于职业习惯，常常会情不自禁地宣扬起他的主张，把访谈变成演讲会。这就需要访谈者掌控好局面，引导好话题。一般而言，应注意这样几点：

一是，在充分准备和设计好问题的基础上，由浅入深、层层递进的提问。一般情况下，不要打断和干扰受访者的精彩谈话，但也应避免受访者长篇大论、访谈者静静旁听的局面。访谈者应适当插话、提问、提示、对话,以引导话题走向深入。

二是,在访谈开始时,伺机设定某种规则,以便调节气氛,引导受访者。在日本调研时,有一次到一位众议员所在选区对其进行访问。这位议员出身基层,颇有些江湖气。那天他在一众当地人物前簇后拥之下来接待我们,一见面就宣称他是一个豪爽之人。我见机马上回应,喜欢议员的豪爽,今天谈话一定要坦诚坦率。议员听了很是高兴。在访谈中,我提出许多尖锐敏感问题,比如金钱政治问题、日本议员怎么筹款等,问的这位豪爽的议员也颇有些为难。一到这时,我便提醒:议员先生,你怎么吞吞吐吐的,不坦率了?在访谈中,我不断营造"开诚布公""直截了当"的气氛,最后终于有了实话实说的场面。那天议员先生放下了许多顾忌,访谈气氛非常之好。

三是,必要时校正话题。访谈中会经常出现跑题现象。当访谈出现跑题时,应进行干预,应适时岔开话题,调整话题。当然,一旦遇到跑题情况,贸然打断受访者是不礼貌的,引导话题走向是需要技巧的。一般情况下,应伺机以追问的形式岔开话题,然后顺势引走话题,使言归正传。

(三) 学会做大事记

做大事记是我们在调研中的一项经常工作,是政治事件研究的重要手段之一,也是政治学学者必备的基本功。

大事记是通过时间轴的方式展示政治事件,还原事件的发生、发展的全过程,记录事件主要信息的文本。大事记为科研提供重要素材,为科研提供线索和思路。在政治学研究中,我们主要是做三种大事记:

第一,事件型大事记。在以事件为主要研究对象的课题中,第一项工作就制作大事记,要非常详细,不漏细节地记录整个事件发生、发展、结束的全过程。2020年初,新冠肺炎疫情暴发,我们意识到这是一次重大的历史性事件,从政治学、公共管理学学科角度都是必须予以重视和研究的课题。从 2020 年 1 月开始,我们组织课题组对新冠肺炎疫情及防疫抗疫工作进行跟踪观察和研究,第一项工作就是做大事记,我们非常详细地记录了疫情发生发展的过程和国家、地方组织防疫抗疫的过程。这个大事记将成为今后新冠肺炎疫情和防疫抗疫研究的重要基础性资料。

第二,回顾型大事记。回顾型大事记也与事件有关,但更多的是记述过去发生的事件。在总结历史经验类的课题中,制作这类大事记为多。回顾型大事记,重点是概要记述历史进程,勾勒历史发展线索。我们当年在浙江做台州模式研究、在深圳做南山治理模式研究的课题时,就是从做回顾型大事记开始的。这类大事记可以帮助我们了解、熟悉当年的历史场景,为进一步的研究工作创造条件、打基础。这类大事记主要是选取当时当地经济社会发展的重要节点、标志性事件等做梗概式的记述。这类大事记的重点是记述重大历史事件、重要人物活动和重要历史文献等,主要目的是通过大事记展示经济、社会、政治、文化的发展脉络和历史风貌。

第三,活动型大事记。这是过程性的记录。我们搞调查研究,不仅要关注调研对象,而且也要关注研究者的活动,记录科研活动的全过程,这是总结提高研究能力、提高科研水平的不可缺少的环节。我们在每次重要的专题性调研活动中,都安排全程做调研活动大事记,以反映和记述调研活动,为后期深入研究提供线索和备忘。在国外调研,我们均做了这类详细的活动记事。这类大事记还是科研档案的重要内容。

记大事记对于政治学研究非常重要,是一种简易而有效的方法。时间,是政治学方法论的十分重要的观察与思考视角。我们在观察和研究任何重要的政治事物、政治事件时,首先要从发生学的意义上入手,搞清事物及事件的前世今生、前因后果、来龙去脉,这是任何政治学的观察、分析以及研究工作的必备视角。政治学家在观察、思考和研究问题时,头脑中浮现的第一个问题往往就是:为什么是在这个时候?政治学家不相信巧合,政治学家的信念是:天下没有偶然发生的事情。美国政治学中有句谚语:Politics is knowing when to pull the trigger(政治就是在适当的时机扣动扳机)。

社会事物之间具有潜在联系。这种联系意味着,每一事物都是与之相关的事物的结果,同时此事物又是其他与之相关事物的原因。科学研究在本质上,就是对事物之间相关性及其排序的认识。事物之间的因果关系一定是按照时间排序形成的,因在果前,果在因后。制作大事记就排定了事物间潜在联系的顺序,由此确定了认识与思维的逻辑。此外,大事记还可以展现事物的完整性。在调查研究中有时会一叶障目,认识被局限在某个枝节,钻入牛角尖。"不畏浮云遮望眼,只缘身在最高层",大事记帮助研究者从大处着眼,俯瞰全貌,整体把握事态的来龙去脉,起到"一览众山小"的作用。总之,大事记可以让埋藏于事物表象下的内在因果联系、事物的变体浮现到现象层面,变得通透,可供直观,可以通观,便于研究者对事物的整体性认识和把握。

在抗美援朝战争中,美军将领李奇微阅读作战记录发现中国人民志愿军军事行动规律,就是一个著名的案例。1950年底,李奇微出任在朝作战的美军第8军军长。李奇微到任后连吃败仗,被志愿军打得连连后退。李奇微苦思对策,一天他在翻阅美军作战记录时发现,志愿军对美军的连续三次攻势的时长都是8天。为什么每次进攻周期都是一样的?难道是巧合吗?李奇微在重复性中找出了规律。他意识到志愿军的8天攻势不是偶然的,经过分析李奇微得出志愿军的进攻周期决定于志愿军的后勤供给。于是,李奇微发明了所谓"磁性战术",针对志愿军的供给能力和进攻周期,采取先后退再进攻的"礼拜攻势"。进而在朝鲜战场上与志愿军形成了均势。

大事记的制作方法，首先，要严格按照时间顺序排列所有活动和事项。其次，大事记制作的格式要单一、固定，一般由标题和主体两部分组成。标题要注明时间并命名事件，主体部分要按人物、地点、事件等要件记述，并简要说明事件意义。

（四）建立一个调研"根据地"

对于政治学学者特别是年轻学者来说，建立一个调研"根据地"十分必要。所谓建立调研"根据地"，就是选择一个地点和一个主题，做深入系统的扎根调研，形成一个完整的调研成果，之后，再进行长期跟踪研究。就如同费孝通先生的"江村"，要像费孝通那样建立长期驻点的调研基地。总之，是要独立地、完整地做一个调研，关键是要保证对调研对象的认识在结构和过程上的完整性。

政治体系具有同构性。作为个体，政治学学者无法研究政治体系的整体，但可以用典型调查方式深入研究一个局部。政治现象、政治事物是复杂的，政治学学者全面、系统、深入地研究一个局部、一个典型，便可举一反三，由此及彼推及其他，如老子所言："道生一，一生二，二生三，三生万物。"（《道德经·四十二章》）建立一个调研"根据地"，如同农事，只有经过"春耕、夏耘、秋收、冬藏"，才能了解庄稼生长的全过程、全周期，才能对所研究的事物有系统深入的了解。这种研究对于政治学学者来说，往往可以起到事半功倍的效果。由于政治体系的同构性，从政治体制的结构与政治运行的过程看，了解一个县就便于进一步了解一个市，了解一个市就便于进一步了解一个省，了解一个省就便于进一步了解全中国。

我本人的经历就是这样的。从 2004 年开始，我跟随中国社会科学院大型调研团队赴浙江，系统调查研究浙江改革开放以来的历史变迁和社会治理体系的发展进步，总结浙江经验。调研团队分经济、社会、政府、党建和文化五个分课题组，我负责政府组。经过为期一年的调查研究，我们在省的层面上，系统了解了浙江党政组织在改革开放中发挥的重要作用，以及经济、社会发展转型与政权的关系等。此后，我到浙江台州，调研改革开放以来台州经济社会文化发展历程，总结"台州模式"。台州调研之后，我又到金华的义乌、温州的乐清，研究区县一级改革开放、社会变迁的历程。最后，我到乐清市的柳市镇做工业化、现代化时代的口述史研究。

长达10余年在浙江省、市、县、镇四级的系统调研，使我对这片土地上的工业化、现代化全过程以及社会转型、人的心灵史有了自己的了解与理解。我们把这种研究的历史性、全面性、深刻性概括为：前世今生、左邻右舍、形之上下、从头到脚。这样的调研，为我对时代、对国家、对社会的认识打下了坚实的基础。时代、国家、社会，在我头脑中不再是一大堆论述与概念，而是无数案例、无数的人与事。作为一个政治学学者，我常说：浙江是我的本钱。

在浙江的长期研究中，台州的调研对我来说最为重要。我将其视为我的成长特别是了解中国国情、做调查研究成长中的关键一步。为什么呢？台州模式的研究给了我一次"立体研究"的机会。以往做研究，包括从2004年开始在浙江做调研，基本上都是一个侧面、一个阶段、一个问题的局部性研究。包括在做浙江省与中国社会科学院合作的总结浙江经验的大课题中，我也只是负责政府组的工作，只是侧重研究总结浙江改革开放的政府作用、政府改革等行政体制、公共管理领域中的经验做法，而不是经济、社会、政治、文化全面改革和发展的研究。但台州模式的研究就不同了，它是全面的、立体的，从台州的历史文化到改革开放以来的经济社会发展、体制机制改革，以及在社会、文化层面的变迁，全部纳入了我们的研究范围。这样的研究，对于我了解国情、了解历史、了解现实，起到了实质性的提升认识水平和能力的作用。这种我称为"立体研究"的工作，不仅大大扩展和深化了知识，更使我在思想方法、研究方法上获得提升。由此，我对中国、对政治的理解变得越来越全面、越来越深入、越来越立体了。

对于年轻学者来说，拥有一个调研基地，独立地、完整地完成一个研究项目，对于学术进步和成长是非常有意义的。现在许多学者喜欢搞学术整理型的研究，或介绍一项研究成果，或介绍一种研究方法，乃至评介一个学术流派。这种研究翻翻书、做些案头研究即可完成。但这类成果无论多么精美，终究是介绍前人的、别人的学术成就。我将之比喻为"看别人种庄稼"。别人的"庄稼"再好，那也是别人种、别人吃的。临渊羡鱼，不如退而织网。真正有出息、有作为的学者是要自己种出庄稼自己吃的。年轻学者一定要学会自己"种庄稼"。学会自己"种庄稼"，就意味着要完成一个春耕、夏耘、秋收、冬藏的完整周期。有了这样一个周期，就为自己的科研打下了基础。通过这样的周期，对于科研的理解与认识就会得到升华。

我希望中国年轻一代的政治学学者，都能沉下心、俯下身，走进社会、走进生活，全面深入地了解中国、理解社会，在这个扎实的基础上研究政治。我希望年轻学者们下苦功夫、下笨功夫，建立起自己的调研基地，从头到尾搞一次独立完整的学术研究。我相信这样的功夫一定会使年轻学者终生受益。涓涓细流，汇成江海。星星之火，可以燎原。

第三节　成才规律：勤于实践、善于总结

条条大路通罗马。我想，每一位有志于政治学研究的年轻学子的人生目标、学术理想是一致的，那就是报效祖国，回馈社会，

实现自我价值。尽管个人的成长条件、环境、机遇会有千差万别，但年轻学者成长还是有律可循的，这就是：勤于实践、善于总结。

一 熟能生巧、巧中出妙

在中国社会科学院政治学研究所工作时，经常会有年轻学者问我，如何提高科研能力和水平。我告诉他们多做调查研究，提出"在路上、在会上、在现场"，提出"用脚底板做学问"。开始的时候，一些同事对"用脚底板做学问"并不认同，说脚底板怎么能做出学问呢？后来越来越多的同事接受了这个观念。又有同事问，下去跑了跑，但似乎没有什么收获。我笑答：跑上几次就想有收获，那做学问岂不太容易了？！下去跑一趟没有收获，那就再去，直到有收获为止！

（一）熟能生巧

做任何事情，成就任何事业，实践是第一位的，都要付出艰苦努力，都要勤学苦练。以体育运动来说，马拉松选手的月跑量如果达不到250公里，就很难达到完赛水平；高尔夫初学者至少要在练习场上挥杆10000次，方能下场打球；羽毛球也讲究挥拍达到一定数量，才能获得一定的技术和运动能力。艺术也是一样，中国画画牡丹花，至少要画600头花，才能达到初级水平。做政治学研究，没有大量的调查研究，没有做大量的课题，没有撰写一定数量的文章，就不会有认识能力，不会有写作能力，不会有学术水平。成果、能力、水平是劳动积累的结果，绝不会从天而降。

勤于实践，善于总结。这句话反映了政治学研究中数量与质量的关系。首先需要一定的数量，即使是具有天赋的人，也需要大量的练习。没有大量的练习，天才与普通人区别并不大。天才不经磨练，只能挥霍掉天赋。尤其做政治学研究。政治学是一个缺少研究对象的学科，科学发现需要在重复性基础上获得，即使是思考也需要重复和积累。因此，政治学研究需要更多的观察、更多的调研、更多的思考、更多的时间。年轻政治学学者要有坚定的意志和耐心，实践出真知，苍天不负有心人，功夫不负苦心人。一分耕耘一分收获，有所付出终将有所收获。

(二) 巧中出妙

除了勤于实践，还要善于总结。有天赋之人的重要表现是领悟力好，善于学习，进步快。同样是田野调查，有人去一次就能熟悉情况，有人去几次还是没有感觉。观察同样现象，有人洞见真相，有人却熟视无睹。在调查研究和做课题的过程中，要善于观察，见微知著，明察秋毫。所谓善于总结，就是要用心，调研中时刻保持高度警觉，随时随地注意观察；在分析讨论中，要细致入微，善于对比，善于联想；在总结的时候，要善于归纳概括，抓住重点，抓住本质。

在大量田野调查的基础上，经过大量科研实践的积累，就会具备丰富的实际知识，具有运用知识的能力，具有分析问题和解决问题的能力。在这个水平上，就会具备发现规律的认识能力和提出理论观点的概括能力。这就是所谓"巧中出妙"。没有一定的数量，就没有一定的质量；有了一定的数量，就会带来一定的质量。

二 成长的三阶段

关于政治学学者的成长规律，根据40年政治学教学与科研工作中的观察，在我看来，优秀政治学学者的成长一般要经过三个阶段：还原与积累阶段、专业化阶段和理论化阶段。各个阶段上所需时间大约为10年。如果30岁开始参加工作，顺利到60岁退休，正好能够完成这三阶段的发展。

与任何事物发展演进的过程一样，政治学学者的成长也必然是循序渐进的，必然是由浅入深、由简单到复杂，这样的成长规律是不可超越、不能违反的。有些年轻学者刚刚入道，便抓住一两个问题，试图突破，试图取得原创性成果。我不知道别的学科领域是否可以这样一蹴而就、一鸣惊人，但我知道在政治学领域这是做不到的。欲速而不达，我见过不少想一口吃个胖子的青年人，很可惜他们没有一个不是碰得一鼻子灰，有的甚至在学术道路上误入歧途，耽误了自己。要想成为优秀的政治学学者，只能一步一个脚印，从简单做起。按照政治学学者成长的三个阶段渐次成长，从平凡达至优秀，再至卓越。前进的速度可以加快，但没有人能超越阶段。

（一）还原与积累阶段

年轻学者开始工作的时段，可称为还原与积累阶段。现在进入高校和科研机构工作的年轻学者一般具有博士学位，年龄在30岁左右。他们进入工作岗位后，工作、生活压力很大。部分高校和科研机构的职称晋升实行"非升即走"制度，更加剧了年轻人的压力。在巨大压力下，年轻学者迫切地希望早出、快出科研成果，发表和出版成了巨大的负担。学坛似赛场，如战场。如同体育竞技比赛，巨大的压力往往会导致选手动作变形。现在许多年轻学者的科研工作出现不少"变形"，主要表现就是急功近利，为了发表而发表。我在此完全没有批评年轻学者的意思，相反很理解和同情年轻学者们的处境。但仅有同情是不够的，还需要有一些办法和应对之策。

客观地看，刚刚走上工作岗位的年轻人尚不具备科研的能力，难以做出创新性的科研成果。年轻学者更多地还是在为真正的科研工作打基础。但在现实情况下，还必须走出一条均衡的路子，兼顾眼下和未来，兼顾打基础和出成果。为此，我提出如下建议：

第一，在调研中获得新发现。在学术道路的起步阶段要以打基础为主，特别是考虑到现在高校文科脱离社会的教育教学，年轻学者首先要完成把"观念世界"还原为"经验世界"的过程。在这个过程中，年轻科研人员要做大量的调查研究，通过调研了解现实社会，了解政治现实，了解党政机构的结构、功能与运作，等等。在这些调查研究中，会发现有价值的问题，年轻学者可以以调研中发现的问题作为科研选题，写出一些发现型的研究报告或论文，并以此为基础积累、扩大、深化，形成更好、更高层次的成果。在这方面，在政治学界有所谓"华中学派"之称，主要是指集中在华中师范大学、武汉大学、华中科技大学的中青年学者群取得了很多成果，兼顾了打基础和出成果两个方面。

第二，科研选题上做出"聪明"的选择。政治学学科有一些离现实政治相对较远的专业，如思想史专业等，一方面也需要调研，需要了解现实政治，但毕竟有一些专业特点的约束。对于这部分专业的年轻学者，我建议可以选择一些相对简单的、基础性的选题做研究。根据我观察，许多年轻学者擅长做大数据、大样本的处理，从而梳理出新的发现与新的理论性认识，如复旦大学的张春满等发表的《美国主流政治学期刊的中国政治研究：脉络、议题、方法、前景》一文，梳理了美国最为重要的百年政治学期刊中关于中国政治研究的脉络，是一篇有较高价值的论文。而写作这篇论文对于年轻学者而言又是一项打基础的工作，可谓一举两得。

第三，先博后专，由博返约。我主张，年轻学者在科研工作起步的时候，不要直奔学术前沿，也不要搞所谓的"系统性"，更不能希图"一鸣惊人"，那些都是不现实的，只会欲速则不达。我主张，年轻学者要搞"拼图法"。只要有条件，遇到机会就抓住，先做出成果。在学校中的系统学习，与在工作中的学习不一样。干中学难以做出规划，更不能想象出一张路线图，然后再按图索骥。当前中国政治学的研究范围并不大，领域和问题就那么多，只要扎扎实实做研究，相关领域和问题基本都能涉及，做"博"易，做"专"难，而年轻人要先易后难。年轻学者可以先做"狐狸"，再做"刺猬"；先积累数量，再提高质量；要先博后专，由博返约。

第三，加强交流，建立青年学术共同体。尽管学术研究具有个体性特征，但学术交流也是不可或缺、必不可少的。《政治学研究》编辑部经常在全国分片区举办中青年作者座谈会。参加这些座谈会，让我感觉到了中国年轻一代政治学学者的成长。学术交流对于年轻学者开阔视野、相互学习、共同探讨很有帮助。中国政治学的短板在于学术共同体的发展缓慢，这不利于学术积累，不易于形成学术发展的"排浪效应"，还会浪费学术资源。但在政治学界，中青年学者的学术交流还是比较活跃，这是一个好趋势。中青年学者应更有意识地开展彼此之间的交流，相互启发，互相促进，逐步形成一些小的学术共同体，形成在一些学术领域的集群效应，以帮助年轻学者群体的成长进步。

（二）专业化阶段

在中国政治学界，被称为专家的学者大多是在 40 岁左右崭露头角的。政治学者经过 10 年左右的科研实践磨练，对政治实践有所了解，学术研究形成一定积累，研究范围和对象由宽入深，逐渐集中于某个或某几个领域及问题。这样的学者就逐步由还原与积累阶段进入专业化阶段。

进入专业化阶段，成为专家，主要表现在四个方面：

第一，在学术界，甚至更大范围里，具有一定的知名度和话语权。知名度意味着在相关专业领域内被认为是值得和需要听取意见的学者，而话语权意味着其意见和言论具有一定影响，会在相关领域和一定范围内受到关注。

第二，专业知识的全面性、完整性。专业化的首要标志是专业领域知识的全面性、完整性。专家学者能够全面了解和掌握本领域的历史变迁，本领域与相近领域的关系，本领域的理论政策实践问题，本领域事物从中央到地方、再到基层的各个层面的状况等。这就是我们常说的：前世今生、左邻右舍、形之上下、从头到脚。简言之，专家应当是其所专注的领域中的"活字典"。

第三，取得创新性学术成果。被称为专家，一定是在本研究领域做出了创新性的学术贡献，推进了本研究领域的研究工作，代表着本研究领域的先进水平，也就是人们常说的领军人物。

第四，专家还应当在科研方法上有所贡献。在我国政治学领域亟需研究方法、研究技术的创新和发展。研究方法可以学习、借鉴国外的新方法、新技术，但更多的还是要依靠中国政治学学者在政治学的科研实践中的摸索和创造。专家应当成为推进中国政治学研究方法创新的主要群体。

（三）理论化阶段

在经历二十余年大量研究实践探索和磨练后，政治学者就有条件走向理论化的阶段。政治学学者进入理论化阶段，意味着他们能够归纳和提炼出政治活动的规律性认识，提出新概念，甚至创立新的学说。当然，能够进入理论化阶段是件可遇不可求的事情，能够进入理论化阶段的学者犹如攀上了学术金字塔的顶端。除去个人的天赋和努力，理论的发现和创造更需要时代的条件。时代发展了，实践充分了，才有可能形成新的理论。如同旅行，只有走到峰回路转处才有必要设置路标。理论是时代发展的路标，是社会进步的里程碑。

三 政治学学者的"十、百、千、万"

关于政治学学者成长的规律问题，如果要做一些量化概括的话，我认为，可以归纳为十、百、千、万四个指标，即十个国家的研究，一百个课题的研究，一千天的田野调查，一百万公里的行程。

（一）十个国家的研究

政治学很大程度上就是在研究国家，而如果一个政治学学者只研究一个国家，实际上等于没有研究国家。因为，没有比较就没有鉴别。局限于一个国家得出的认识，只能是"看山是山，看水是水"，最多知道"是什么""有什么"，不可能知道"为什么"。这也就是为什么比较政治研究具有不可替代的重要性的原因。为什么是十个国家？说实在的，研究的国家越多越好，但限于各方面的条件，不可能是多多益善，要有选择性的确定一些国家作为比较研究的对象。

当今世界各国并不是处于同一发展阶段，有发展中国家、新兴工业化国家、发达国家以及所谓"转型国家"。这些不同类型的国家处于工业化、城市化、现代化发展的不同阶段。选取处于不同发展阶段的国家进行国别研究与比较研究，可以全面深入地了解和理解人类历史的发展进程与规律。处于相同发展阶段的国家，又有制度、文化等方面的差别，如同样是发达国家，美国与日本就有很大区别，同为发展中国家的一些亚洲国家与非洲国家又有很大区别。选择处于不同发展阶段国家和选择处于相同阶段不同类型的国家，至少要有十个左右，才能满足比较研究对各种类型研究对象的需要。

现在中国社会科学研究的条件已经大大改善了，年轻学者应有意识地利用各种条件和机会，做国外比较政治学的研究。特别是要将当今世界具有重要影响的国家纳入比较研究的视野。

(二) 一百个课题的研究

科学研究以及研究能力和水平的提高，需要一定数量的积累。数量是质量的基础，见多才能识广，根深才能叶茂。政治学学者研究工作要有一定的数量，要有比较宽广的研究范围。课题项目研究不够一定的数量，没有写出一定数量的研究报告和学术论文，不用说研究能力，就是写作水平、文字功夫都是不够的。而研究能力的培养和写作水平、文字功夫的提高，只能在科研实践中逐渐达成，除此之外，别无他途。

根据我的经验，年轻学者可以采取"拼图法"。所谓"拼图法",就是围绕着一个大的研究主题或领域,选取随机切入点,逐渐扩大,逐步深入,最终使研究成果覆盖到这一主题和领域的各种问题。"拼图法"要求年轻学者利用各种条件和机会多做研究课题,对于研究课题与项目,不分大小,不挑不拣,尽可能多做、多练、多写,尽量往身上"贴本事",正所谓艺不压身。政治学专业领域范围的各种研究和训练都是有益的,从长远看都不会浪费。一个年轻学者每年要参加或主持十余项大大小小的项目,哪怕只是撰写其中的一个分报告或一篇短论文,这样的工作量还是不难达到的。但如果锲而不舍、持之以恒,有十年的时间,其工作量和完成科研成果的数量也是相当可观了。如果大致按照这样的工作量,十年下来,可使自己的科研项目和写作成果积累到百题、百篇的水平。如果有百题、百篇的历练,相信年轻学者的能力和水平会有质的飞跃。

(三)一千天的田野调查

没有调查就没有发言权。政治学的科学研究也是符合这一原理的。我们常说,不调研,不动笔。对于我来说,这不是信念,而是不做调查研究真的就写不出文章。我的信念是:一切均在调研后。要想取得话语权,要想不被别人轻视,没有别的办法,必须自己去搞调查研究。以毛泽东的雄才大略,他不是也说自己是靠调查研究吃饭的吗?!

需要强调的是,这里所说的田野调查研究是科学规范意义上的,不是走马观花,不是道听途说。在中国社会科学院政治学研究所做调研工作,一般要求是:事先做案头研究,形成调研提纲,调研过程中要有记录、有讨论,回来要进行研讨、总结。田野调查至少要有这样的流程。我曾经提出一个科研工作比较理想化的"三三制"时间分配方案。一年中,约100天做专门的田野调查;约100天做专题研究,主要是研讨和写作;约100天做一般性的学习和研究工作,主要是阅读、补充新知识和做学术交流。实际上,即使是在专业科研机构做专业科研工作,能够按这样一个计划分配时间,达到这样的一个工作量,也是相当不容易的。按这个时间分配方案,每年做 100 天的田野调查,也需要 10 年才能达到 1000 天的调研工作量。

(四) 一百万公里的行程

在路上、在会上、在现场,我曾这样描述一个专业政治学学者的日常生活。我读过一本十分出色的研究东南亚国家经济与政治关系以及华裔族群的著作《亚洲教父》(*Asian Godfathers*),作者是 Joe Studwell,他的中文名字叫周博。作者在书中有一句话给我留下深刻印象,作者写道:随着出差的里程数和采访笔记越积越多,我才清楚地了解到东南亚的经济政治状况。我高度认同作者的这一见解。是的,没有大量耗时的、广泛深入的调查研究,是不可能有所发现的。我将之称为:用脚底板做学问。

我做过一些统计,要在国内外做一定数量和强度的田野调查,一年调研行程达到 10 万公里是比较正常的。这样算下来 10 年不间断的调研行程可达 100 万公里。我熟悉的一位研究国际问题的年轻学者平均两三年的调研和参加国外学术活动的里程就能达到 100 万公里。没有这样频度和强度的大量调查研究,是很难具备宽广的视野和丰富的见识的,而视野和见识是一个优秀的政治学学者必备的素质。

我提出的专业政治学研究工作量的十、百、千、万四个指标,实际上与"一万小时定律"暗合。美国作家丹尼尔·科伊尔在《一万小时天才理论》和马尔科姆·格拉德韦尔在《异类》中,不约而同提出了一个被称为"一万小时定律"的规律性现象,就是不管你做什么事情,只要努力工作达到一万小时,基本上就可以成为该领域的专家。以田野调查而论,田野调查总量达到 1000 天,每个工作日全部耗时约 10 小时,总用时大概就会达到一万小时。

今天中国正处于实现工业化、现代化的关键时期。中国的工业化、现代化需要政治学，同时也为中国政治学成长提供了丰饶的土壤。但我们也要看到，当代中国政治学总体上尚处于打基础和起步的阶段。中国是个文明古国，有着悠久的政治史。在古代社会政治实践基础上，中国曾产生过丰富的政治思想、政治学说。中国古代历史悠久，但现代历史短暂。可以和美国做个比较，中国形成中央集权的统一国家已经有2000多年，而美国的殖民地历史不过300多年。但美利坚合众国建国已近250年，是中华人民共和国的三倍多。美国进入工业化进程也有150余年。现代政治学的一切知识与人类社会工业化、现代化的进程密切相关，现代政治学即工业化时代的政治学。中国工业化的历程尚短，中国现当代政治学的实践基础与研究对象发展尚不充分。正是在这个意义上，中国政治学还处在打基础和起步的阶段。

处于现代化进程中的中国，经济社会发展不平衡不充分，同样中国政治学发展也是不平衡不充分的，这至少表现在两个方面：

第一，中国政治学总体上处于政治哲学阶段，政治哲学相对发达，政治科学相对薄弱。从实际情况看，大量研究不是基于事实而是观念中的演绎，主要是在解释世界、诠释政治、倡导观念。中国的政治科学尚未从政治哲学中分离出来，尚未发展成为一个相对独立的学科。

第二，中国政治学中大量研究是学习、模仿式的，缺乏原创性。大量学术成果停留于介绍已有的、国外的研究成果和方法。形象地说，好似看别人种庄稼吃别人的馍，而不是自己种庄稼吃自己的馍。有鉴于此，当代中国政治学要踏踏实实地从基础做起，全面观察现当代中国与世界的政治实践，深入研究工业化、现代化进程中的政治现象，归纳总结政治规律，创造政治学的新知识，形成反映工业化、现代化历史进程的具有新形态的现代政治学。

中国的政治学学者肩负着发展政治学的历史责任，年轻一代政治学学者更是重任在肩。老一代为中国政治学奠定了基础，年轻一代要继往开来。老一代是经历大转折的一代人，打开国门看世界，改变落后面貌追赶世界，是他们这一代人的命运和使命。老一代手中的政治学必然具有浓厚的学习、模仿特点，这是不可避免的，是中国政治学发展的必经阶段。而年轻一代的环境和条件已经改变了，已经不必总是看别人种庄稼吃别人的馍，年轻一代完全可以种自己的庄稼吃自己的馍了。

寄希望于中国政治学的年轻一代。新一代一定不能亦步亦趋跟在老一代后面，即便与自己的老师做得一样好也是没出息。年轻一代要超越老一代，这不是高限而是底线，这是时代的要求。希望年轻一代更加贴近社会实际、贴近政治生活、贴近人民群众，亲身参与中国的政治建设实践，认真观察和深入研究中国的政治发展，同时放眼世界进行比较研究，这样，就一定能梳理总结出中国经验，归纳提炼出中国理论，就一定能为中国进步，能为发展政治学，做出无愧于时代的历史性贡献。